Dennis Weiter

Feindbildkonstruktionen im Nahostkonflikt

Ursache für das Scheitern der Roadmap 2003?

Diplomica® Verlag GmbH

Weiter, Dennis: Feindbildkonstruktionen im Nahostkonflikt: Ursache für das Scheitern der Roadmap 2003?. Hamburg, Diplomica Verlag GmbH 2012

ISBN: 978-3-8428-8967-5
Druck: Diplomica® Verlag GmbH, Hamburg, 2012

Bibliografische Information der Deutschen Nationalbibliothek:
Die Deutsche Nationalbibliothek verzeichnet diese Publikation in der Deutschen Nationalbibliografie; detaillierte bibliografische Daten sind im Internet über http://dnb.d-nb.de abrufbar.

Die digitale Ausgabe (eBook-Ausgabe) dieses Titels trägt die ISBN 978-3-8428-3967-0 und kann über den Handel oder den Verlag bezogen werden.

Dieses Werk ist urheberrechtlich geschützt. Die dadurch begründeten Rechte, insbesondere die der Übersetzung, des Nachdrucks, des Vortrags, der Entnahme von Abbildungen und Tabellen, der Funksendung, der Mikroverfilmung oder der Vervielfältigung auf anderen Wegen und der Speicherung in Datenverarbeitungsanlagen, bleiben, auch bei nur auszugsweiser Verwertung, vorbehalten. Eine Vervielfältigung dieses Werkes oder von Teilen dieses Werkes ist auch im Einzelfall nur in den Grenzen der gesetzlichen Bestimmungen des Urheberrechtsgesetzes der Bundesrepublik Deutschland in der jeweils geltenden Fassung zulässig. Sie ist grundsätzlich vergütungspflichtig. Zuwiderhandlungen unterliegen den Strafbestimmungen des Urheberrechtes.

Die Wiedergabe von Gebrauchsnamen, Handelsnamen, Warenbezeichnungen usw. in diesem Werk berechtigt auch ohne besondere Kennzeichnung nicht zu der Annahme, dass solche Namen im Sinne der Warenzeichen- und Markenschutz-Gesetzgebung als frei zu betrachten wären und daher von jedermann benutzt werden dürften.

Die Informationen in diesem Werk wurden mit Sorgfalt erarbeitet. Dennoch können Fehler nicht vollständig ausgeschlossen werden, und der Diplomica Verlag, die Autoren oder Übersetzer übernehmen keine juristische Verantwortung oder irgendeine Haftung für evtl. verbliebene fehlerhafte Angaben und deren Folgen.

© Diplomica Verlag GmbH
http://www.diplomica-verlag.de, Hamburg 2012
Printed in Germany

Inhaltsverzeichnis

1. Einleitung 1
   1.1. Konfliktregion Naher Osten 5
2. Konstruktivistische Perspektiven 7
   2.1. Die Grundzüge des Konstruktivismus 7
   2.2. Identität und Feindbild 11
3. Akteursanalyse 18
   3.1. Israel 18
   3.1.1. Grundzüge der israelischen Identität 18
   3.1.2. Israelisches Feindbild gegenüber den Palästinensern 26
   3.2. Die Palästinenser 30
   3.2.1. Grundzüge der palästinensischen Identität 30
   3.2.2. Palästinensisches Feindbild gegenüber Israel 37
   3.3. Die Interdependenz beider Identitäten 41
4. Die Roadmap 2003 44
   4.1. Initiative und Konzept 44
   4.2. Bisherige Hypothesen für ihr Scheitern 47
5. Einzelaspekte der Roadmap im Konflikt mit Identitäts- und Feindbildkonstruktionen ... 56
   5.1. Sicherheit 56
   5.2. Siedlungen 58
   5.3. Grenzen 60
   5.4. Flüchtlinge 62
   5.5. Jerusalem 64
6. Schlussbetrachtung 67
7. Literaturverzeichnis 75

1. Einleitung

Der Konflikt im Nahen Osten ist ein bis heute ungelöster Regionalkonflikt internationalen Ausmaßes. Nach der israelischen Staatsgründung im Jahr 1948 kam es zu sechs Kriegen[1] mit einigen der arabischen Nachbarstaaten sowie zu bewaffneten Konflikten mit den Palästinensern. Dadurch lässt sich der Nahostkonflikt zum einen in den israelisch-arabischen und zum anderen in den israelisch-palästinensischen Konflikt unterteilen. (Weiter 2012: 7; Johannsen 2009: 9ff)

In den großen israelisch-arabischen Kriegen konnte sich Israel als militärische Supermacht in der Region behaupten. Die arabischen Staaten haben sich nach jahrelanger Feindschaft mit der Existenz des jüdischen Staates abgefunden. Ägypten und Jordanien haben Friedensverträge mit Israel abgeschlossen und das Land diplomatisch anerkannt. Die zwischenstaatlichen Auseinandersetzungen sind beendet, aber die Konfliktsubstanz gilt als noch nicht abgetragen. Im Mittelpunkt des Nahostkonflikts steht nun vielmehr der israelisch-palästinensische Konflikt, bei dem es hauptsächlich um den Anspruch der Palästinenser auf nationale Selbstbestimmung und einen eigenständigen, souveränen Staat auf arabisch-palästinensischem Gebiet geht, welches Israel 1967 eroberte, seitdem besetzt hält und mit einem Netz von Siedlungen und Siedlerstraßen überspannte. (Johannsen 2009: 140)

Vergeblich versuchte die westliche Staatengemeinschaft, ihren eigenen Ideen zur nationalen Unabhängigkeit der Palästinenser besonderen Nachdruck zu verleihen. Jegliche Bemühungen um Frieden verliefen stets im Sande, so dass einige Experten sogar von einer Art „Friedensphobie"[2] sprechen (Bernstein 2006: 34). Im Jahr 2002 brachte die Initiative des amerikanischen Präsidenten George W. Bush neues Leben

---

[1] Der erste Nahost-Krieg, auch Unabhängigkeitskrieg genannt, begann 1948 mit einem Angriff Ägyptens, Syriens, Libanons, Transjordaniens und des Irak auf das am Tag zuvor als unabhängig erklärte Israel. Der zweite Nahost-Krieg 1956 war der sogenannte Suez-Krieg als Folge der Suez-Krise. Der dritte Nahost-Krieg 1967 wird als Sechstage-Krieg bezeichnet. Begonnen wurde er als israelischer Präventivkrieg infolge einer nicht mehr kontrollierbaren Kriseneskalation. Der vierte Nahost-Krieg, auch Yom-Kippur-Krieg genannt, ging auf die Aggression Ägyptens und Syriens zurück, welche die im Sechstage-Krieg von Israel besetzten Gebiete der Golanhöhen und Sinai-Halbinsel zurückerobern wollten. Der fünfte Nahost-Krieg 1982 war ein Krieg Israels gegen die PLO, deren Hauptquartier sich in Beirut befand. Der sechste Nahost-Krieg fand im Sommer 2006 statt und wird als zweiter Libanonkrieg bezeichnet. Israel unternahm den Versuch, die libanesische Hisbollah zu entmachten. (vgl. Tessler 2009: 269ff)

[2] Als Friedensphobie wird die Angst vor einem möglichen Frieden zwischen Israel und den Palästinensern bezeichnet. Vermutlich sind die Identitätskonstruktionen in Verbindung mit den gegenseitigen Feindbildern so sehr mit dem Nahostkonflikt verschränkt, dass ein Friedensschluss eine Identitätskrise auslösen würde. Dies wird in der Fragestellung, der Hypothese und den daraus abgeleiteten Thesen aufgegriffen.

in den Friedensprozess. Das Nahost-Quartett, bestehend aus den USA, der Europäischen Union, Russland und den Vereinten Nationen, erarbeitete einen Friedensfahrplan, die sogenannte *Roadmap*[3] (Roadmap 2003; Beck 2003: 115).

Die Roadmap hatte die Errichtung eines palästinensischen Staates zum Ziel, das in drei Phasen erreicht werden sollte. Die erste Phase sah den palästinensischen Staatsaufbau, ein Ende des Terrors und der Gewalt, den Baustopp israelischer Siedlungen sowie einen Rückzug der israelischen Armee aus den seit September 2002 besetzten Gebieten vor. In der zweiten Phase sollte nach freien Wahlen und dem Fortschreiten politischer Reformen ein provisorischer Staat entstehen. Die dritte Phase hatte die Konsolidierung der palästinensischen Unabhängigkeit und die Beilegung des israelisch-palästinensischen Konflikts durch Endstatusverhandlungen zum Ziel. (Roadmap 2003)

Neben der klaren Zielsetzung des Fahrplans war eine weitere wichtige Modifikation das Monitoring und Verifikationssystem, mit welchem das Nahost-Quartett die Vertragstreue überwachen wollte. Im August 2003 kam es in Jerusalem zu einem der blutigsten Selbstmordattentate in der Geschichte Israels, aufgrund dessen die israelische Regierung den diplomatischen Prozess mit der palästinensischen Autonomiebehörde einfror (Israel Ministry of Foreign Affairs 2003b).[4] Damit kann schon das Minimalziel der ersten Phase – ein Ende des Terrors und der Gewalt – als fehlgeschlagen betrachtet werden (Beck 2003: 115).[5]

Das wirft die Frage auf, aus welchen Gründen die Roadmap scheiterte. War der Friedensfahrplan unrealistisch konzipiert und beispielsweise die Zeitangaben der verschiedenen Stufen illusorisch? Bei näherer Betrachtung reichen diese Gründe nicht aus, um einen Fehlschlag des Friedensprozesses zu erklären. Es gibt eine beinahe unendliche Fülle an Ideen, Konzepten und Strategiepapieren, wie Frieden in der Re-

---

[3] A Performance-Based Roadmap to a Permanent Two-State Solution to the Israeli-Palestinian Conflict

[4] „Twenty-three people were killed and over 130 wounded when a Palestinian suicide bomber detonated a five-kilogram device packed with ball-bearings on a crowded No. 2 Egged bus in Jerusalem's Shmuel Hanavi neighborhood. [...] As a result of the attack, the Cabinet decided on September 1, 2003, among others, to wage an all-out war against Hamas and other terrorist elements, and to freeze the diplomatic process with the Palestinian Authority."

[5] Die Roadmap wurde am 30. April 2003 an die Konfliktparteien übergeben. Die erste Phase sollte bereits nach einem Monat, also im Mai 2003, abgeschlossen sein.

gion erreicht werden sollte und keines davon führte bisher zum Erfolg.[6] Könnten daher eingefahrene Feindbilder und Identitätskonstruktionen Auslöser der Gewalt sein, die eine friedliche Lösung des Konflikts verhindern? Eine direkte Verknüpfung zwischen dem Scheitern der Roadmap und Identitäten sowie Feindbildern ist bislang vernachlässigt worden. Aus diesem Grund sollen diese beiden Bereiche miteinander verknüpft werden, um einen Beitrag zur Schließung dieser Forschungslücke zu leisten.

Daraus leitet sich folgende Fragestellung für diese Arbeit ab: Inwiefern haben Identitäts- und Feindbildkonstruktionen eine mögliche Lösung des Nahostkonflikts im Zuge des Friedensfahrplans 2003 zwischen Israel und den Palästinensern verhindert? Es liegt die Vermutung nahe, dass die Identitätsentwürfe unmittelbar und unauflöslich mit dem Konflikt verknüpft sind, so dass es zu einer Art Friedensphobie kommt. Dies ist die Hypothese, die zur Beantwortung der Fragestellung geprüft werden soll. Sie beschäftigt sich mit dem „Wie" und „Warum". Daraus lassen sich zwei Thesen ableiten: (1) Der Nahostkonflikt scheint ein fester Bestandteil der israelischen, wie auch der palästinensischen Identität geworden zu sein. Demnach bedroht ein möglicher Friedensschluss die jeweilige Identität. (2) Die daraus resultierende Identitätskrise löst eine Angst vor dem Frieden aus.

Für den theoretischen Bezug wird ein konstruktivistischer Ansatz gewählt. Der in der Mitte der 1980er Jahre entstandene Konstruktivismus geht in seinen Grundannahmen davon aus, dass Identitäten und Perzeptionen das Handeln von Akteuren determinieren. Die soziale Umwelt ist durch Ideen und Normen konstruiert und steht im Wechselverhältnis zu den Akteuren (Filzmeier et al. 2006: 98). Darüber hinaus sind die grundlegenden Strukturen der internationalen Politik sozial konstruiert (Barnett 2008: 163ff). Die Vorstellungen und Ideen entscheiden über Freund und Feind, jedoch nicht die Struktur des internationalen Systems (Wendt 2006: 139ff, 246ff).

Während der Konstruktivismus vom fortschrittlichen Lernen, sprich dem Generieren neuer Ideen, ausgeht, gibt es auch *pathologisches Lernen* und sehr viel *altes Denken*.

---

[6] Der US-Außenminister sagte ironisch, im zweiten Leben würde er sich auf Verhandlungen im Nahen Osten konzentrieren, denn dann würde er nie arbeitslos werden. Der Diplomat Dennis Ross erinnerte sich, die Diplomaten wären viele tausend Meilen im Nahen Osten gereist, um unendliche Stunden mit Diskussionen, Meinungsverschiedenheiten sowie Prüfen und Verwerfen von Vorschlägen zu verbringen. Joschka Fischer gab zu, hinter jeder Ecke lauern Vorschläge und alle würden tausendmal ergebnislos diskutiert. (Bernstein 2006: 34)

Diese *bad ideas* vermeidet der Konstruktivismus. (Krell 2004: 367, 370) Um diese Lücke zu schließen, wird neben dem Konstruktivismus auf Begriffe der Politischen Psychologie zurückgegriffen. Identität und Feindbild stehen dabei im Fokus der Analyse.

Die Quellenlage zum Nahostkonflikt ist gut und umfangreich. Einen allgemeinen und umfassenden Überblick liefern Magret Johannsen (2009) und Gabriel G. Tabarani (2008). Die Thematik ist gut aufgearbeitet, so dass die Herausforderung bei der Suche und Auswahl der konkret auf die Fragestellung bezogenen Literatur liegt, denn die Gründe für das Scheitern des Friedensfahrplans sind vielfältig. Hauptsächlich bezieht sich die Forschung zu diesem Thema auf Konstruktionsfehler der Roadmap selbst. Die Literatur über die Roadmap ist weitestgehend deskriptiv und praxisorientiert verfasst. Kritik und Konstruktionsfehler fasst Reiner Bernstein (2006: 34-45) übersichtlich zusammen. Einen spieltheoretischen Ansatz über das Scheitern der Roadmap verfolgt Martin Beck (2003: 115-120). In Bezug auf den theoretischen Teil gibt es ebenfalls eine hinreichend dichte Quellenlage. Als Einführung in die Theorie des Konstruktivismus sind hier die Werke von Gert Krell (2004) und Peter Filzmaier (et al. 2006) zu nennen. Darüber hinaus wird sich auf Alexander Wendt (1992; 2006) bezogen, einen der Referenztheoretiker des Konstruktivismus. Des Weiteren gibt es hinreichend wissenschaftliche Arbeiten zu Identität und Feindbildern bezüglich der beiden Konfliktparteien Israel und Palästina. Anne Katrin Flohr (1991) schildert die Entstehung von Feindbildern übersichtlich und definiert wichtige Begriffe, die für die spätere Akteursanalyse von Bedeutung sein werden. Aktuelle und vergleichbar übersichtliche Literatur lässt sich jedoch zu diesem Thema äußerst schwer finden. Es handelt sich vorrangig um fallbezogene Studien, die sich nicht als Variablen für eine weitere Untersuchung eignen. Deshalb nimmt Flohrs Arbeit einen zentralen Stellenwert ein. Aline Hebenstreit (2010) verknüpft Identität und Feindbild miteinander. Eine ausführliche und detaillierte Analyse Israels vollziehen Angelika Timm (2003) und Margret Johannsen (2006; 2009). Rashid Khalidi (1997) und Meir Litvak (2009) arbeiten im Gegenzug die palästinensische Identität heraus. Bei Israel handelt es sich um ein sehr gut aufgearbeitetes Thema. Die Quellenlage in Bezug auf die Palästinenser ist wesentlich dünner. Da sich die Arbeit mit dem Zeitraum von der Entstehung des Konflikts bis zur Roadmap 2003 und unmittelbar danach befasst, sind die Quellen bewusst aus dieser Zeitspanne gewählt. Neueste Quellen finden daher keine Berücksichtigung.

Um das Scheitern der Roadmap zu erklären, gibt es viele Gründe und Ansätze. Die Identitäts- und Feindbildkonstruktionen erheben keinen absoluten Erklärungsanspruch. Sie sind vielmehr als weitere Determinanten zu verstehen, um ein möglichst umfassendes Verständnis der Sachlage zu erlangen und potenzielle Erkenntnislücken zu schließen. Damit die Fragestellung beantwortet werden kann, erfolgt im zweiten Kapitel zunächst die Bestimmung der theoretischen Grundlagen. Dazu werden der Konstruktivismus und die für die spätere Analyse wichtigen Begriffe von Identität und Feindbild in ihren Grundzügen erläutert. Danach erfolgt im dritten Kapitel eine Akteursanalyse anhand dieser theoretischen Begriffe. Insbesondere soll hier aufgezeigt werden, wie verschränkt die Identitäten mit dem Nahostkonflikt sind. Dies ist die Basis für die weitere Analyse. Im nächsten Schritt wird im vierten Kapitel auf die Roadmap eingegangen. Dazu werden Initiative und Konzept des Friedensfahrplans vorgestellt und bisherige Hypothesen für ihr Scheitern aufgezeigt. Im Anschluss werden im fünften Kapitel Einzelaspekte der Roadmap und ihr Konflikt mit Identitäts- und Feindbildkonstruktionen untersucht. Die Erkenntnisse aus dem dritten und vierten Kapitel werden damit zusammengeführt. Eine Schlussbetrachtung fasst die wichtigsten Punkte zusammen und soll eine Antwort auf die Fragestellung geben.

In dieser Arbeit wird möglichst auf wertende Attribute verzichtet und das Ziel einer weitestgehend neutralen Sprachwahl verfolgt. Dies dient der Darstellung der wechselseitigen Dynamiken im israelisch-palästinensischen Konflikt, ohne schnelle Urteile über die Natur oder den Charakter der Konfliktparteien zu fällen. Es wird sich im Wesentlichen auf das Verhalten in ihren Beziehungen zueinander konzentriert.

1.1. Konfliktregion Naher Osten

Der Nahe Osten ist Teil des Vorderen Orients. Es gibt allerdings keine eindeutige wissenschaftliche Festlegung, welche Staaten nun zum Vorderen Orient und welche zum Nahen Osten gehören (Johannsen 2009:11). Wenn man von der Konfliktregion des Nahen Ostens spricht, muss diese jedoch klar definiert werden.

Im allgemeinen deutschen Sprachgebrauch gehören alle Länder des ehemaligen Osmanischen Reiches zum Nahen Osten.[7] Obwohl Ägypten zum größten Teil auf dem afrikanischen Kontinent liegt, zählt es ebenfalls dazu. Wenngleich Herzstück des Osmanischen Reiches, wird die Türkei nur im historischen Kontext zum Nahen Osten gerechnet (Sick 2005). Ein zusätzliches Problem bei der Abgrenzung und Zugehörigkeit von Ländern des Nahen und Mittleren Ostens stellt die englische Übersetzung des Begriffs dar (Weiter 2012: 9). Obwohl sich der deutsche Begriff vom *Nahen Osten* mit dem englischen *Middle East* überschneidet, ist er aber nicht geografisch mit ihm gleichzusetzen (vgl. CIA World Factbook 2012). Diese potenziell missverständliche Übersetzung sorgt dafür, dass Israel, Palästina, Syrien und der Libanon in der englischen Sprache zum *Middle East* gehören, aus deutscher Sicht allerdings zum Nahen und nicht zum Mittleren Osten gehören (Sick 2005). Aus diesem Grund wird für diese Arbeit eine enge Definition des Nahen Ostens verwendet. Zu ihr gehören Israel, Palästina[8] sowie die angrenzenden Staaten Ägypten, Syrien, Jordanien und Libanon.

Ähnlich wie bei der territorialen Eingrenzung gibt es möglicherweise Unklarheiten über die Bezeichnung der jeweiligen Bevölkerungen. Im Folgenden bezeichnet *Araber* die Bürger aus den Staaten der Arabischen Liga. Mit den *palästinensischen Israelis* oder *arabischen Israelis* sind die palästinensisch-arabischen Bürger Israels gemeint. Die *Palästinenser* sind die palästinensische Bevölkerung in den besetzten Gebieten.

---

[7] Dazu zählen: Syrien, Libanon, Israel, Palästina, Jordanien, Saudi-Arabien, Bahrain, Kuweit, Oman, Katar, die Vereinigten Arabischen Emirate, Jemen und der Irak (Sick 2005).
[8] *Palästina* meint hier nicht die Region, sondern die Palästinensischen Autonomiegebiete.

2. Konstruktivistische Perspektiven

Dieses Kapitel behandelt die theoretischen Grundlagen. Für die weitere Analyse sind diese unerlässlich. In einem ersten Schritt wird der Konstruktivismus in seinen Grundzügen dargestellt. Dabei wird sich insbesondere auf einen der wichtigsten Vertreter des Konstruktivismus, den amerikanischen Politologen Alexander Wendt, bezogen. In seinem viel beachteten Aufsatz von 1992 begründete er den strukturellen Konstruktivismus. Um die Schwächen des Konstruktivismus in Bezug auf die *bad ideas* auszugleichen, folgt in einem zweiten Schritt die Erörterung der Begriffe von Identität und Feindbild unter Rückgriff auf die politische Psychologie (vgl. Krell 2004: 367ff).

2.1. Die Grundzüge des Konstruktivismus

„Anarchy is what states make of it." (Alexander Wendt, 1992)

Der Ost-West-Konflikt und seine stabilisierende Wirkung wurden durch „Neues Denken" beendet, jedoch nicht durch Machtfaktoren wie militärische Fähigkeiten. Neue und alte Konflikte ethnischer und nationalistischer Natur sind aufgebrochen, bei denen es weniger um Macht und Interessen geht, sondern vielmehr um kollektive Identitäten. (Krell 2004: 347)

Aufgrund dessen wurde die realistische Denkschule kritisiert, die weder ein friedliches Ende des Ost-West-Konflikts, noch ein Abrücken der Akteure von Macht- und Sicherheitsinteressen erklären konnte. Alexander Wendt schreibt dazu:

> „The vast majority of states today see themselves as part of a 'society of states' whose norms they adhere to not because of on-going self-interested calculations that it is good for them as individual states, but because states are self-interested in much of what they do *within* the boundaries of that society. But with respect to many of the fundamental questions of their co-existence states have already achieved a level of collective interest that goes well beyond 'Realism'." (Wendt 2006: 242f; Hervorhebung im Original)

Damit setzt der Konstruktivismus an den Schwachstellen von realistischen und institutionalistischen Theorien an. Identitäten und Interessen sind keine festen Größen, sondern grundsätzlich veränderbar (Filzmaier et al. 2006: 98; Zehfuß 2002: 38). Es werden die Grenzen zwischen Natur und Sozialem thematisiert, wobei die Feststellung der Grenzziehung bereits schon selbst einen sozialen Vorgang darstellt

(Krell 2004: 351). Deswegen kann man den Konstruktivismus als einen Gegenentwurf zu *Rational choice* betrachten (vgl. Zehfuß 2002: 38):

> „Rational choice treats interests as fixed; constructivism as constructed by the environment and interactions. Rational choice holds that the only effect of the environment is to constrain and regulate the actions of already constituted actors; Constructivism adds that it also can construct the actor's identities and interests. Rational choice uses the logic of consequences to understand behavior; Constructivism adds the logic of appropriateness." (Barnett 2008: 167)

Hierbei ist zwischen materieller und immaterieller Identität zu unterscheiden (vgl. Barnett 2008: 163). Die (menschliche) Natur sagt nichts darüber aus, ob etwas gut oder schlecht, aggressiv oder friedfertig, selbstsüchtig oder altruistisch ist. Menschen sind Lebewesen, deren materielle Bedürfnisse einen entscheidenden Faktor bei der Formulierung von Interessen darstellen, nicht jedoch die Gene. Interessen sind Annahmen über die Möglichkeiten der Bedürfnisbefriedigung und ein Ergebnis von Ideen, die historisch und kulturell variabel sind. (Wendt 2006: 133) Nichtsdestotrotz ist das Menschenbild des Konstruktivismus nicht optimistischer als beim Realismus, denn der Anspruch der Theorie liegt bei einer realistischen Sichtweise der Dinge (Krell 2004: 356). Kollektive Ideen wirken wie eine objektive Realität, weil sie Akteursverhalten determinieren und damit soziale Tatsachen schaffen.

Kurz gesagt, die Wirklichkeit ist sozial konstruiert (vgl. Barnett 2008: 163). Von zentraler Bedeutung sind hierbei die Ideen, denn die Rolle materieller Faktoren hängt von der Bedeutung ab, die ihnen zugewiesen wird (Krell 2004: 353; Weller 2005: 35; Ulbert 2005: 14). Zur Verdeutlichung soll das Beispiel der Atombombe dienen. Die USA besitzen ein Arsenal von rund 5.000 Nuklearwaffen[9], der Iran in naher Zukunft vermutlich nur eine einzige. Aus deutscher Perspektive wirkt eine iranische Atombombe wesentlich bedrohlicher als tausende amerikanische. Es kommt folglich immer auf die Interpretation des Selbst- und des Feindbildes an.

Auch in der Kubakrise 1962 lässt sich die physische Realität der Aufstellung von sowjetischen Raketen nicht bezweifeln. Auf amerikanischer Seite wurde dieser Vorgang als aggressive Invasion betrachtet, die heimlich und im Widerspruch zu sowjetischen Versprechungen vollzogen wurde. Defensive Motive, wie die Abschreckung

---

[9] „As of early 2012, the United States maintained an estimated 2,150 operational warheads. The arsenal is composed of roughly 1,950 strategic warheads deployed on 798 strategic delivery vehicles, as well as nearly 200 nonstrategic warheads deployed in Europe. In addition, the United States maintains approximately 2,800 warheads in reserve, bringing the total stockpile to nearly 5,000 warheads." (Kristensen/Norris 2012: 84)

vor einer weiteren Intervention der USA auf Kuba[10], wurden kategorisch ausgeschlossen. Der Fokus lag auf der Heimlichkeit und der Arglist der totalitären Sowjetunion, die im Kontrast zu den demokratischen USA als Verteidiger der freien Welt steht, die für die Unabhängigkeit und Gleichheit aller Nationen eintritt. Innerhalb von 13 Tagen wurde diese Krise durch Kennedy und Chruschtschow uminterpretiert und sozial neu konstruiert, so dass durch Kommunikation die Wahrnehmungen über die Absichten der jeweils anderen Seite korrigiert wurden und die Vermeidung eines Atomkriegs wichtiger war als auf seinem jeweiligen Standpunkt zu beharren. (Krell 2004: 361f)

Daraus lassen sich insgesamt drei Grundannahmen ableiten: (1) Identitäten und Perzeptionen determinieren das Verhalten von Akteuren. (2) Auch grundlegende Strukturen der internationalen Politik sind immer sozial konstruiert. (3) Es gibt ein Wechselverhältnis zwischen den Akteuren und der sozialen Umwelt. Die soziale Umwelt konstruiert die Akteure, wie auch die Akteure ihre Umwelt über Ideen und Normen beeinflussen und konstruieren. (Filzmaier et al. 2006: 98) Diese kollektiven Ideen können zum Beispiel Wissen, Symbole, Sprache und Regeln sein (Barnett 2008: 163).

Für Wendt sind die Staaten die Akteure und die internationale Politik sowie deren Ordnung die Gesellschaft (Wendt 2006: 139-190). In der Konzeptualisierung von Staaten agieren diese bei Wendt wie Personen, denn „states are people too" (Wendt 2006: 133). Die Staaten sind die Konstrukteure der Wirklichkeit, in der sie interagieren und kommunizieren, sprich in der internationalen Politik und ihren Strukturen (Wendt 2006: 246-312). Dies stellt eine deutliche Abgrenzung zum Neorealismus dar, weil die Struktur des internationalen Systems eine soziale ist und keine materielle. Daraus resultiert auch, dass das nationale Interesse ebenfalls sozial konstruiert wird. Diese kollektiven Interessen lassen sich zu vier Kategorien zusammenfassen: *erstens* Überleben, *zweitens* Autonomie, *drittens* wirtschaftliches Wohlergehen und *viertens* kollektive Selbstachtung (Wendt 2006: 233ff).

Bei Waltz' Neorealismus führt die Anarchie im internationalen System automatisch zum Prinzip der Selbsthilfe. Mangels einer zentralen Ordnungsinstanz muss jeder Staat selbst für seine Sicherheit sorgen, ansonsten muss dieser davon ausgehen, dass

---

[10] Mit der Invasion in der Schweinebucht 1961 versuchten die USA Fidel Castro zu stürzen.

er erobert wird. Die Interessen von Staaten liegen daher zum einen beim Überleben und bei der Generierung von Sicherheit, zum anderen bei der Akkumulierung von Sicherheit durch Macht. Waltz nennt zwei Möglichkeiten, wie Sicherheit durch Macht generiert werden kann. Die erste ist die Erhaltung des Status quo und die zweite expansionistisches Verhalten. (Waltz 1979: 88ff) Bei Wendt kommt eine dritte Möglichkeit hinzu. Wenn Staaten sich sicher sind, dass andere Staaten ähnliche Sicherheitsinteressen haben, werden diese nicht als militärische Bedrohung wahrgenommen, auch wenn sie dem anderen Staat militärisch unterlegen sind (Wendt 1992: 395ff), wie etwa Kanada gegenüber den USA. Damit kann festgehalten werden, dass es beim Konstruktivismus im Gegensatz zum Neorealismus unter Anarchie verschiedene Sicherheitssysteme geben kann.[11]

Ferner zweifelt Wendt den Naturzustand selbst an, in welchem sich die Staaten dem Realismus nach befinden. Als Beispiel nennt er den Erstkontakt mit Aliens (Wendt 1992: 405): Ob es bei der ersten Begegnung zum Sicherheitsdilemma mit Rüstungswettlauf kommt, hängt von den ersten Signalen ab, die gesendet und interpretiert werden. Zerstören tausende Raumschiffe New York, wird die Situation als Bedrohung definiert und es erfolgt eine entsprechende Reaktion. Kommen die Aliens in einem einzigen Raumschiff und vermitteln friedliche Absichten, so wird ihnen vermutlich ebenso friedfertig geantwortet werden. Damit kommt es nicht notwendigerweise zu einem Selbsthilfesystem. Akteure gehen nicht jederzeit vom schlimmsten Fall aus, wie der Realismus meint, sondern von Annahmen über das wahrscheinliche Verhalten, die sich aus der Interaktion miteinander ergibt (Krell 2004: 359).

Zusammengefasst liegt die Herausforderung konstruktivistischer Analysen der internationalen Politik vor allen Dingen bei der Erfassung von Faktoren wie Normen, Ideen, Werte, Identitäten und Weltbilder sowie beim Aufzeigen ihres Einflusses auf die internationale und die Außenpolitik (Weller 2005: 35). Als Metatheorie ist der Konstruktivismus besonders erfolgreich, weil sich viele Forschungsperspektiven, wie Gender, Institutionalismus, Liberalismus, Marxismus und Realismus, mit ihm verknüpfen lassen (Zehfuß 2002: 8; vgl. Ulbert 2005: 10). Konzepte vom Selbst und den Anderen, damit konsequenterweise auch Sicherheitsinteressen, werden durch Interaktionen bestimmt und entwickelt (Zehfuß 2002: 40). Beim Konstruktivismus fehlt

---

[11] Bei Staaten mit expansionistischen Interessen kommt es laut dem Neorealismus zum Kampf um Leben oder Tod. Sind Staaten jedoch am Status quo interessiert, droht ein Sicherheitsdilemma mit Rüstungswettlauf.

allerdings der Aspekt, wann welche Ideen eine Rolle spielen (Krell 2004: 366). Auch wenn es beim Konstruktivismus nicht nur um die guten Ideen und die Wirkung positiver Normen geht, liegt der Schwerpunkt der Forschung trotzdem in diesem Bereich (Krell 2004: 367). Des Weiteren werden Ideen, Interessen und Identitäten nicht allein durch Selbstreflektion und Re-Interpretation der Akteure (vgl. Ulbert 2005: 18), sprich fortschrittliches Lernen, gebildet, sondern auch durch pathologisches Lernen[12]. Diese *bad ideas* und das „alte Denken" wird beim Konstruktivismus eher vermieden. Aus diesem Grund wird in den nächsten beiden Abschnitten auf die politische Psychologie zurückgegriffen, um die Begriffe von Identität und Feindbild näher zu beleuchten.

2.2. Identität und Feindbild

In diesem Abschnitt soll geklärt werden, wie es zum Aufbau und der Stabilisierung von Feindbildern kommt. Des Weiteren wird aufgezeigt, welche Funktionen sie übernehmen und worauf sich die individuelle und die kollektive Identität gründen. „Braucht der Mensch gar (s)einen Feind?" (Hebenstreit 2010: 59)

In den internationalen Beziehungen reagieren die Akteure nicht unvermittelt auf die Handlungen anderer Akteure. Sie interpretieren das Verhalten und auf dieser Grundlage werden sie aktiv. Entscheidungsprozesse sind daher ein aktiver Vorgang der Konstruktion von Realität. (Krell 2004: 381f) Sämtliches Denken ist von sozialen Kontexten und kulturellen Techniken abhängig (Haustein 2007: 30). Die gegenseitige Beeinflussung von Umwelt und Individuum ermöglicht es, Identitäten vornehmlich selbst zu wählen (vgl. Haustein 2007: 31).

Ein Individuum definiert sich nicht allein durch seine eigene individuelle Identität, sondern auch durch bestimmte Gruppenzugehörigkeiten seine ethnische, soziale, aber auch religiöse Identität. Daraus ergibt sich eine Verschränkung von individueller und kollektiver Identität. Allerdings entstehen diese kollektiven Identitäten nicht aus sich selbst heraus. Sie ergeben sich vielmehr durch die Interaktion mit den Ande-

---

[12] Lernpathologien behindern oder stören den Wechsel von Weltbildern in einem System. Durch eine bloße Verbesserung der Informationsverarbeitung innerhalb des Systems lassen sich die systematischen Beschränkungen oder sogar die vollständige Verhinderung von Lernprozessen nicht beheben. (Jachtenfuchs 1993: 22f)

ren. Dementsprechend gilt es zwischen ‚Wir' und den ‚Anderen' zu unterscheiden. Die Definition des Selbst und der ‚Wir-Gruppe', der sogenannten *Ingroup*, erfolgt über die Wahrnehmung einer ‚Sie-Gruppe', also der *Outgroup*, durch die Analyse von Unterschieden und Gemeinsamkeiten und der anschließenden bewussten Abgrenzung zu den ‚Anderen' über eine als gemeinsam erlebte Identität innerhalb der eigenen Gruppe[13]. (Hebenstreit 2010: 59) Die individuelle, wie auch die kollektive Identität werden durch Stereotypen und Feindbildorientierungen geprägt, welche durch Krisen- und Kriegssituationen verstärkt werden (Freise 2011: 17).

Durch ein homogenes Selbstkonzept grenzt sich die eigene Gruppe gegenüber anderen ab. Dies erfolgt durch Selbst- und Fremdzuschreibungen bestimmter Eigenschaften. Diese identitätsstiftenden Faktoren sind beispielsweise eine gleiche Lebensweise, eine gleiche Vergangenheit und die Aussicht auf eine gemeinsame Zukunft. (Hebenstreit 2010: 60)

Die Zuschreibung innerhalb der *Ingroup* ist idealisierend und positiv, während die *Outgroup*, sprich die Fremdgruppe, negativ und abwertend beurteilt wird (Hebenstreit 2010: 61; vgl. Krell 2004: 387). Gemeinsamkeiten einer Gruppe werden betont und Unterschiede überbewertet (Hunt 1994). Ängste gegenüber der als monolithischer Block wahrgenommenen *Outgroup* sind keine Seltenheit (Hebenstreit 2010: 61; vgl. Freise 2011: 18). Die Denkmuster sind von Klischees und Vorurteilen[14] bestimmt. Überzeugungssysteme, Werte, Stereotype und Einstellungen dienen dazu, inkohärente Informationen zu organisieren (Krell 2004: 382). Dabei gibt es das Problem der Informationsfülle. Um die Informationen zu verarbeiten, sind Einsparungsstrategien notwendig. Dies geschieht durch *belief systems*, die in der komplexen Umwelt Orientierung geben. „Diese Systeme erlauben dem Individuum, seine Eindrücke zu strukturieren, neu eintreffende Informationen in einen Bezugsrahmen einzuordnen und ihnen eine bestimmte Bedeutung beizumessen" (Flohr 1991: 46).

---

[13] Die Definition einer Gruppe über verbindende Gemeinsamkeiten kann problembehaftet sein. Die Gemeinsamkeiten können innerhalb einer Gruppe stark voneinander abweichen, so zum Beispiel die Sprache bei Christen oder die Religion auf dem indischen Subkontinent. Aus diesem Grund werden Gruppen über die kollektiven sozialen Grenzen definiert, welche durch Interaktion mit anderen Gruppen entstehen. (Hebenstreit 2010: 59f)

[14] Als Vorurteil wird eine durch fehlende, unangemessene oder falsche Information bedingte vorschnelle Urteilsbildung bezeichnet, die ungerechtfertigt verallgemeinernd wirken kann. Hierbei handelt es sich gerade nicht um mangelnde Kenntnisse, sondern vielmehr um beharrlichen und emotional aufgeladenen Widerstand, gegenläufige oder relativierende Informationen gelten zu lassen. (Berghold 2005: 149)

Die gleichzeitige Existenz von miteinander nicht vereinbarer kognitiven Vorstellungen ist für das Individuum unbequem. Aus diesem Grund ist es bestrebt, die unterschiedlichen Vorstellungen wieder in Einklang zu bringen, also *kognitive Konsistenz* zu erreichen. Informationen werden gemäß ihrer Kompatibilität unterschiedlich wahrgenommen und verarbeitet. Sie werden den bestehenden Schemata, den *belief systems*, angepasst. (Flohr 1991: 47f; vgl. Krell 2004: 383)

Der Mensch wird alles Notwendige tun, um das Gleichgewicht seines Weltbildes wieder herzustellen und die *kognitive Dissonanz* zu beseitigen (Hunt 1994). Dies geschieht durch das aktive Suchen konsistenter Informationen oder durch das Vermeiden, Abwerten oder Anpassen dissonanter Informationen[15] (Krell 2004: 383f). Der unbewusste Vorgang, kognitive Konsistenz zu erzielen, ist jedoch nur eine Neigung des Individuums und kein zwingendes Verhalten (Flohr 1991: 48f). Wenn Informationen, die in das etablierte Denkschema passen, wahrgenommen, andere demgegenüber jedoch ignoriert oder angepasst werden, spricht man von *selektiver Wahrnehmung* (Flohr 1991: 50).

Reichen der Umfang und die Überzeugungskraft diskrepanter Informationen nicht aus, um etablierte Vorstellungen zu ändern, können sich diese Vorstellungen weiter verfestigen (Flohr 1991: 49). In diesem Fall spricht man von *boomerang effects*. Vermutlich tragen sie zur Stabilisierung von Feindbildern bei. „Ein weiterer Mechanismus selektiver Wahrnehmung, der *Halo-Effekt*, ist für die Entstehung von Feindbildern von besonderer Bedeutung" (Flohr 1991: 53; Hervorhebung DW). Bei der Beurteilung von Menschen werden die Einzelurteile zum Positiven oder Negativen vereinheitlicht (Flohr 1991: 53). So werden die Eigenschaften von Feinden auf negative Wertungen begrenzt und positive missachtet. Bei Freunden prägen die positiven Eigenschaften das Gesamtbild. Existieren nur noch negative Denkmuster und werden diese dann konsequent sozial vermittelt, spricht man von einem *Feindbild*[16] (Hebenstreit 2010: 61).

Bei der Einschätzung des Feindes spielt *Worst-Case-Denken* eine wichtige Rolle. Das Worst-Case-Denken geht von der Annahme aus, dass der Feind nach dem opti-

---

[15] Ein Beispiel stellt das Rauchen dar. Es gilt als wissenschaftlich gesichert, dass Rauchen gesundheitsschädlich ist. Die Strategien von Rauchern, mit dissonanten Informationen dieser Art umzugehen, sind hinlänglich bekannt. (Krell 2004: 384)
[16] Ein Feind ist die Person, der man kein soziales Gefühl entgegenbringt. (Hunt 1994)

malen Nutzen strebt und damit der eigenen Seite den größtmöglichen Schaden zufügen wird (Flohr 1991: 55f). Es handelt sich hierbei sozusagen um eine überhöhte Gefahrenperzeption. Schlägt der Feind beispielsweise Abrüstungspläne vor, so werden ihm von vornherein hinterlistige Absichten unterstellt (Flohr 1991: 57). Damit wird das Verhalten des Gegners, welches sich zunächst nicht in die belief systems einordnen lässt, grundsätzlich aggressiv bewertet. Friedliche Absichten werden trotz plausibler Erklärungen prinzipiell ausgeschlossen. Worst-Case-Denken stabilisiert daher Feindbilder, weil aggressive Absichten als Natur des Feindes wahrgenommen werden.

Menschen neigen dazu, sich selbst, ihr Volk und ihren Staat mit positiven Eigenschaften zu belegen, während die Anderen nicht selten mit negativen und abwertenden Attributen bedacht werden (Flohr 1991: 58). Spitzt sich dieser Prozess zu, spricht man von *Schwarz-Weiß-Denken*, welches oft eine kompromisslos moralisierende Selbstgerechtigkeit mit einem dämonisierenden Feindbild verbindet (Berghold 2005: 220f; vgl. Freise 2011: 17f). Die Freund-Feind-Kategorisierung schlägt sich auch in Verbindung mit der kognitiven Konsistenz in den internationalen Beziehungen nieder: Befreundete Staaten handeln nicht gegen uns, sondern verfolgen ähnliche Ziele und stehen auch unseren Gegnern ablehnend gegenüber, während gegnerische Staaten unseren Interessen und denen unserer Verbündeten zuwider handeln und darüber hinaus unsere Feinde unterstützen (Flohr 1991: 60).[17] Durch das Schwarz-Weiß-Denken erscheint der Feind im Kontrast zum strahlenden Selbstbild umso bedrohlicher (Flohr 1991: 63). Die Abgrenzung zwischen In- und Outgroup wird verschärft. Damit steht das „Schwarz-Weiß-Denken, ebenso wie das Worst-Case-Denken, mit Feindbildern im Verhältnis wechselseitiger Verstärkung" (Flohr 1991: 63).

Damit wird die Outgroup, auch durch verzerrte Wahrnehmung, zu einem negativen Gegenpol der Ingroup. Es wird ein Feindbild geschaffen. Der Prozess der Produktion von Feindbildern wird als *Enmifikation* bezeichnet (Hunt 1994). Es gibt eine Fülle von Vorurteilen und Feindbildern, die sich gegen eine national, ethnisch, rassisch oder kulturell definierte Outgroup richten (Berghold 2005: 140). Dabei ist Ethnizität eine Form der Identität, welche zu besonders starken Formen der politischen In- und

---

[17] Hier gibt es einen Anknüpfungspunkt zum Konstruktivismus von Wendt in Bezug auf die Sicherheitsinteressen (Beispiel Kanada/USA).

Exklusion führen kann (Berghold 2005: 140). Zur Natur der Enmifikation gehört auch die *Dehumanisation*. Ohne Vereinfachung und Stereotypisierung der Vorstellung eines Feindes kann dies nicht geschehen, weil die Gedanken reduziert werden müssen. Charakteristisch für die Enmifikation sind die Gleichgültigkeit gegenüber den Leiden und die Abwertung von anderen, das Verbot von Kritik und die Kontrolle der Informationen, sowie ein ausgeprägter Sinn für einen Führungsanspruch, der oft mit dem Glauben an göttlicher oder messianischer Legitimation verbunden wird. (Hunt 1994)

Feindbilder dienen dazu, die eigenen politischen Interessen durchzusetzen und die positive Selbstwahrnehmung und das Gruppenbewusstsein zu stärken. Das gesteigerte Bedürfnis nach Selbstabgrenzung, Kategorisierung und Unterscheidung wird befriedigt. Die Ängste gegenüber einem starken Gegner festigen den kollektiven Zusammenhalt und sichern so die Existenz der Gruppe. Konflikte innerhalb der Gruppe werden überspielt und unterdrückt. (Hebenstreit 2010: 60ff; Krell 2004: 390) Feindbilder sind totalisierend und erhöhen die negative Einstellung gegenüber der Outgroup, sind außerdem mit einer Einteilung in Gut und Böse, insbesondere durch Schwarz-Weiß-Denken, verknüpft und verhindern Perspektivenwechsel und Perspektivenübernahmen (Krell 2004: 390).

Geistige Trägheit gegenüber Neuem und Fremdem begünstigt solche Prozesse. Begegnungen mit fremden Personen und Situationen können emotionale und geistige Belastungen hervorrufen. Bisherige Selbstverständlichkeiten, Gewohnheiten im Denken, Wahrnehmungen, Kategorien des Einordnens und des Reagierens werden durch Neues und Fremdes berührt. Schwächen und Fehler können auf peinliche Art und Weise offenbart werden. Die Störung von Gewohnheiten und Sicherheiten kann demnach Stress hervorrufen, der mit einer Neigung zur Ablehnung oder Blockade beantwortet werden kann. (Berghold 2005: 144ff)

Ein Beispiel: Die Grenzziehungen der arabischen Nationalstaaten erfolgten willkürlich durch die Kolonialmächte. Daraus resultierte, dass sich die Bevölkerungen eher mit ihrer ethnischen Identität[18] identifizierten als mit ihrer staatlichen Zugehörigkeit. Innenpolitische Auseinandersetzungen und Aggressionen mussten von der jeweiligen Regierung beseitigt werden, um den Staat zu festigen. Dabei ist es einfacher, bereits

---

[18] Dies kann Religion, Abstammung oder ein traditionell übernommenes Wertesystem sein.

vorhandene Vorurteile und Ängste zu verstärken, als ein völlig neues Feindbild zu etablieren. Bestehende Gegensätze zwischen den USA und der EU als der sogenannte *Westen* auf der einen und den islamischen Ländern auf der anderen Seite wurden zu einem unüberwindbaren Graben konstruiert. Die Anschläge vom 11. September 2001 und den folgenden Kriegen im Irak und in Afghanistan verfestigten diese Ansicht auf beiden Seiten. Es war jeweils gelungen, die Vorstellung von einer einheitlichen In- und Outgroup aufzubauen und zu stärken. (Hebenstreit 2010: 62f)

Auf Feindbilder treffen nach Berghold (2005: 156) zusammengefasst sechs Hauptmerkmale zu: (1) Fremde beziehungsweise Fremdgruppen werden als Akteure wahrgenommen, mit denen jeder Dialog, jede Verhandlung und jede Diskussion über eine gemeinsame Basis abgewehrt wird, weil diese als unmöglich empfunden werden. (2) Man gesteht diesen Akteuren emotional nicht zu, menschlich nachvollziehbare Gründe für ihr Handeln oder ihre Einstellungen zu haben. (3) Jede zu ihrem Negativbild diskrepante Information wird ausgeblendet. (4) Im Prinzip spricht man ihnen ihre Menschlichkeit ab. Daher seien sie potenziell aus der menschlichen Gesellschaft auszuschließen. (5) Jedoch braucht man diese Akteure unbedingt für den eigenen Gefühlshaushalt, um ein psychisches Gleichgewicht zu halten[19]. (6) Dieser Umstand kann allerdings nicht bewusst eingestanden werden.

Das Element der Willkürlichkeit tritt insbesondere bei ethnisch-nationalen Feindbildern zu Tage, die die größte Feindbildkategorie darstellen. Die Zugehörigkeit zu einer Nation oder Ethnie an sich hat nichts mit einer Stellungnahme, Wertung oder Interessenslage zu tun. „Wenn also Willkür ein Hauptmotiv für die (unbewusste) Auswahl von Feindbild-Objekten ist, so dürfte sich kaum viel willkürlicheres anbieten können als das Merkmal ethnisch-nationaler Zugehörigkeit" (Berghold 2005: 160). Daraus resultiert, dass der Vorwurf des *Außerhalb der Gruppe Stehens* bei dieser Kategorie stärker ausgeprägt ist, als bei anderen Feindbildern, da realistisch argumentierte Vorwürfe generell ausscheiden. Die Abgrenzung zu den Anderen und den damit verbundenen feindseligen Wahrnehmungen kann sich derart zuspitzen,

---

[19] Tiefere Ängste und Traumata rufen Gefühle von Kränkung, Hilflosigkeit, Schuld, Beschämung und Verächtlichkeit hervor, die auf andere abgewälzt und projiziert werden, damit ihre Unerträglichkeit zwar nicht beseitigt, aber zumindest gemildert wird. Daraus ergibt sich die besondere Wirkmächtigkeit und Sogwirkung von Feindbildern. (Berghold 2005: 157)

dass eine psychische Abnabelung von der (ethnisch-nationalen) Herkunftsfamilie[20] unmöglich wird. Bei Berghold (2005: 161) wird dazu ein Beispiel angeführt: In der Geschichte gab es stets aus unterschiedlichen Gründen einen fortwährenden Austausch von Bevölkerungsgruppen. Allein schon wegen der geografischen Lage sind die Deutschen ein bunt gemischtes Volk. Die Vorstellung, die Deutschen seien ein homogenes Volk, ist daher besonders unrealistisch. Ihre Funktion kann also nur darin bestehen, eine besonders brüchige nationale Identität durch Illusionen zu schützen und stabilisieren.

Zusammengefasst lässt sich sagen, dass es bei Identitäten und Feindbildern wieder um die Konstruktion der Wirklichkeit geht, jedoch aus einer anderen Perspektive als beim Konstruktivismus. Es steht die Subjektivität von Individuen und Gruppen, die psychologische und psychoanalytische Perspektive der Informationswahrnehmung und -verarbeitung sowie die Konstruktion von In- und Outgroup im Vordergrund. Bei der Informationswahrnehmung und Informationsverarbeitung werden unterschiedliche Selektionsmechanismen aktiv. Feindbilder spielen beim psychischen Gleichgewicht eine wichtige Rolle. Des Weiteren erfüllen sie wichtige Funktionen, wie die Gruppenkohäsion zu festigen, fragile Identitäten zu stabilisieren oder das eigene Selbstbewusstsein zu stärken. Identität und Feindbild sind daher eng verknüpft. Im Kapitel der Akteursanalyse erfolgt nun die Anwendung der herausgearbeiteten theoretischen Grundlagen an den Beispielen Israel und den Palästinensern.

---

[20] In ethnisch-nationalen Feindbildern ist die Vorstellung von Nationen und Völkern als Quasi-Familien vorherrschend. Daraus resultiert der Glaube, dass die nationale Gemeinschaft etwas mit gemeinsamer Abstammung zu tun hat.

3. Akteursanalyse

Dieses Kapitel widmet sich den beiden Konfliktparteien Israel und den Palästinensern. Es soll aufgezeigt werden, dass es sich bei beiden Akteuren um heterogene Gesellschaften handelt. Diese Heterogenität hat auch Einfluss auf die jeweilige Identität. Die Akteursanalyse erfolgt unter dem Fokus der Begriffe von Identität und Feindbild in drei Schritten. *Erstens:* Welche Elemente sind für die jeweilige Identität konstituierend? *Zweitens:* Welchen Stellenwert nimmt der Nahostkonflikt dabei ein? *Drittens:* Welches Feindbild gegenüber der anderen Konfliktpartei lässt sich daraus ableiten? Damit liefert dieses Kapitel die Grundlage für die Untersuchung von den Einzelaspekten der Roadmap.

3.1. Israel

3.1.1. Grundzüge der israelischen Identität

Israel ist kein homogener Nationalstaat, sondern eine Einwanderungsgesellschaft. Eine mögliche Ursache für die Lösungsresistenz des Nahostkonflikts stellt die zerrissene israelische Gesellschaft dar, die einen Konsens über die Frage von Frieden mit den Palästinensern behindert. (Johannsen 2006: 5ff)

Die Fragmentierung, also die ethnisch-kulturelle Heterogenität, der israelischen Gesellschaft ist eine Folge der Diaspora (Timm 2003: 29). Ohne die Exilerfahrung und den Holocaust lässt sich das Handeln Israels nicht verstehen. Der Schmerz über das Exil und den Verlust Jerusalems als religiöses Zentrum reichen viele Jahrhunderte zurück (Weiter 2012: 13). Der Zionismus ist die Antwort auf die antisemitische Stimmung in Europa. Das Ziel der jüdischen Nationalbewegung ist die Gründung eines jüdischen Staates in der Region Palästina. Dieser soll den Juden Heimat und Schutz bieten. Mit der Staatsgründung Israels sollte dem Sicherheitsbedürfnis der Juden Rechnung getragen werden (Weiter 2012: 13; vgl. Tabarani 2008: 18ff). Stattdessen wurde der Staat in einer feindlichen Umgebung gegründet, inmitten von Nachbarstaaten, die die Juden als ungewünschte Eindringlinge betrachteten und die Legitimation Israels bestritten (Kelman 1999: 594).

Die nationalstaatliche Idee, die von den zionistischen Pionieren nach Palästina gebracht wurde, ist religiös aufgeladen, weil die Besiedelung des Landes als den Vollzug göttlichen Willens angesehen wurde, der als Voraussetzung für die Erlösung des jüdischen Volkes angesehen wird (Weiter 2012: 13). Die religiöse Besetzung des zionistischen Projekts machte die Zionisten zu Wegbereitern eines Trends, in dem sich Religiöse und Verfechter eines Groß-Israels einander annäherten. Aus ihnen bildete sich die extrem nationalistische Siedlerbewegung *Gush Emunim*, den Vorreitern der Besiedlung des eroberten biblischen Kernlandes (Johannsen 2006: 19; Wolffsohn 2007: 28; LeVine 2009: 145ff). Ein Teil der Siedler erklärt sich in „religiös-politischer Hybris" zu rechtmäßigen Besitzern der besetzten Gebiete, weil sie schließlich gezwungenermaßen Jahrhunderte im Exil verbringen mussten, sich dann arabische Stämme illegal dort niederließen und schließlich das palästinensische Volk geworden sind (Perthes 2006: 202). „Relationship to the land is a central element of the national identity" (Kelman 1999: 588). Dementsprechend gibt es starken Widerstand gegen territoriale Kompromisse durch die Siedlerlobby. Obwohl der Siedlerblock nur ein Fünftel der Siedler ausmacht, ist dieser dank der starken Lobbyarbeit überproportional hoch in der Lokalpolitik vertreten (Johannsen 2009: 82). Man kann sagen, dass die Siedlerbewegung das zivile Pendant einer kriegerischen Expansion darstellt.

Mit dem Siedlungsprojekt war das Schmelztiegelkonzept verknüpft, welches jedoch im Kontrast zu der palästinensischen beziehungsweise israelischen Realität stand. Die Region Palästina war bereits bevölkert und die arabischen Einwohner mussten sich mit den nach Aussehen und Habitus vergleichsweise unterschiedlichen jüdischen Migranten auseinandersetzen. Nach der israelischen Staatsgründung 1948 folgten fünf große Einwanderungswellen. Zu ihnen zählen die aschkenasische Pioniergeneration, die orientalischen Juden, die russischen Neuzuwanderer aus den 1970er und 1990er Jahren, ein relativ kleiner Teil äthiopischer Juden sowie angelsächsische Migranten aus Nordamerika, Großbritannien, Südafrika und Australien. Dieses Bevölkerungsmosaik wird durch nichtjüdische Arbeitsmigranten, vornehmlich aus Südosteuropa, Afrika, Ost- und Südostasien, ergänzt. (Timm 2003: 29)

Dabei ist Israel eine Einwanderungsgesellschaft der besonderen Art. Israel sollte keine *neue Heimat* sein, sondern *Rückkehrort und historische Heimstätte* für alle in der Welt verstreuten, heimkehrenden Juden (Johannsen 2006: 8f). Die aschkenasischen

Pioniere schufen das Schmelztiegelkonzept zur Schaffung einer kollektiven jüdisch-israelischen Identität. Dies hatte unterschiedliche identitätsstiftende Maßnahmen zur Folge. Eigene Feiertage, Traditionen, Symbole und Riten stützen den gesellschaftlichen Zusammenhalt. Die seit 1700 Jahren kaum gesprochene hebräische Sprache wurde wiederbelebt und zur Amtssprache erhoben (Weiter 2012: 14). Zur Stärkung der Gemeinschaft wurde ein nationales Wirtschaftssystem, ein mehrgliedriges Bildungssystem und gleicher Wehrdienst für beide Geschlechter geschaffen.[21] Eine vitale politische Kultur entwickelte sich und die Massenkommunikation wurde gefördert (Timm 2003: 31). Insbesondere die Bildungsinhalte spiegeln in den für die Konstitution einer nationalen Identität wichtigen Fächer die Dominanz der jüdischen Kultur wider (Johannsen 2006: 12). Bei all diesen Maßnahmen ist die Holocaust-Aufarbeitung und das Holocaust-Gedenken das zentrale Element und wird staatlich wie privat durch organisiertes Gedenken präsent gehalten.

> „Der Holocaust hat eine historische Dimension und ist zugleich eine Staatsideologie, die zu einer Art weitgehender Selbstimmunisierung gegen Kritik und gegen eine selbstkritische Betrachtung eigener Politik geführt hat." (Pradetto 2001: 22)

Das erfahrene Leid bindet und verbindet die jüdischen Bürger Israels. Je mehr die Erinnerung verblasst, umso brüchiger wird das israelische *Wir-Gefühl*, weshalb das Gedenken an den Holocaust aufrechterhalten wird (Wolffsohn 2007: 40). Aufgrund der Erfahrung der Shoa kämpft Israel demnach für die richtige und gerechte Sache. Damit erfüllt sie einen Legitimationszweck. Auch heute noch kann man Israel als traumatisiertes Land bezeichnen, denn der Gedanke an den Holocaust und die Bewahrung des biblischen Landes Israel sind die zwei Grundkonstanten des israelischen Selbstverständnisses. Die Shoa stellt damit ein Eckpfeiler der israelischen Psyche und Identität dar. Die Heroisierung des Kampfes der Juden erfüllt eine sinnstiftende Funktion für die Gesellschaft. Allerdings zeichnet sich zunehmend eine Individualisierung der Holocaustinterpretation ab. Auch die Holocaust-Erziehung ist zunehmend fragmentiert. Tabus über die Darstellung der Shoa lösen sich zusehends auf. Satire und Sketche sind mittlerweile möglich. Die Proteste dagegen nehmen ab. (Pradetto 2001: 23ff) Insgesamt stellt der Holocaust eine Art Wahrnehmungsfilter dar, durch den die Juden ihre Umwelt sehen (Wolffsohn 2007: 35).

---

[21] Ultra-orthodoxe Juden sind vom Wehrdienst befreit.

Die Verwirklichung einer gemeinsamen Identität ist angesichts der extrem heterogenen Bevölkerung besonders schwierig. Die Einwanderer verfügten bereits über verfestigte Identitätsmuster, so dass die Einwanderungswellen eine große Herausforderung für Israel darstellten. Die demographischen Umbrüche, die durch jüdische Einwanderungswellen aus dem Orient und der ehemaligen Sowjetunion sowie die große Anzahl an nichtjüdischen Arbeitsmigranten gekennzeichnet waren, standen im Spannungsverhältnis zum zionistischen Konzept eines möglichst homogenen jüdischen Nationalstaats. Beispielsweise machen die russischen Juden etwa ein Fünftel der israelischen Bevölkerung aus. Insbesondere nach dem Zusammenbruch der Sowjetunion kamen sie nach Israel, weil sie sich Familienzusammenführungen, Schutz vor Antisemitismus und die Hoffnung auf einen besseren Lebensstandard versprachen. Die zionistische Idee oder Religionswünsche spielten bei dieser Gruppe eine untergeordnete Rolle. Sie sehen sich primär als Russen und haben daher einen geringeren Identifizierungsgrad mit Israel. Die Bewahrung ihrer alten Identität und Kultur ist für die russischen Einwanderer von großer Bedeutung. Russische und israelische Traditionen werden verbunden und vermischt. Es lässt sich daher sagen, dass sie eine doppelte Identität besitzen. Im Alltag stehen sie wegen ihrer Subkultur teilweise außerhalb der israelischen Gesellschaft, bei Terroranschlägen sterben sie jedoch als Israelis. (Timm 2003: 33ff)

Seit Mitte der 1980er Jahre sind äthiopische Juden eingewandert. Die Eingliederung in die israelische Gesellschaft gestaltete sich besonders schwierig. Trotz der Integrationswilligkeit und Dankbarkeit für die Erlösung aus der Armut und Verfolgung, bestehen gravierende Unterschiede zur übrigen israelischen Gesellschaft. Das äußere Erscheinungsbild, spezielle Kulturtraditionen, der äußerst geringe Bildungsgrad und fehlende Kenntnisse über moderne Berufsfelder stellen große Hürden der Integration dar. Die Hautfarbe klassifiziert sie als ethnische Minderheit, die ihr Jüdischsein permanent unter Beweis stellen muss und sie außerdem Diskriminierungen aussetzt. Die Integration dieser Gruppe ist ein langwieriger Prozess, welcher von Tendenzen der Ghettoisierung begleitet wird. (Timm 2003: 48ff)

Weniger Probleme gibt es bei den übrigen Einwanderungswellen. Die aschkenasischen Juden sind die Pioniergeneration. Ein elitäres Selbstverständnis kennzeichnet diese Gruppe. Dies zeigt sich insbesondere durch ein Überlegenheitsgefühl gegenüber den anderen Einwanderungsgruppen. Als Pioniergeneration sind sie eng mit der Idee des Schmelztiegelkonzepts verhaftet. Aufgrund ihrer europäischen Wurzeln waren sie säkular eingestellt und wollten Israel nach dem Vorbild europäischer Nationen gestalten (vgl. Bar-On 2006: 13). Die orientalischen Einwanderer kommen vorwiegend aus den arabischen Staaten und sind nur bedingt an einer *Verschmelzung* interessiert. Ähnlich wie die russischen Migranten möchten sie ihre kulturelle Identität bewahren. Im Gegensatz zu den Aschkenasim haben sie einen geringeren Lebens- und Bildungsstandard, so dass man hier von Bürgern zweiter Klasse sprechen kann. Die angelsächsischen Einwanderer stellen die letzte Gruppe dar. In der israelischen Gesellschaft verfügen sie über viel Einfluss, welcher in Bezug auf ihren Bevölkerungsanteil unverhältnismäßig groß ist. Primär handelt es sich bei dieser Einwanderungsgruppe um vermögende Juden aus den USA. Daher sind sie nicht auf staatliche Zuwendungen angewiesen. Sie trugen zur Amerikanisierung der israelischen Gesellschaft bei. (Weiter 2012: 14f; vgl. Kelman 1999: 584)

Juden und Nichtjuden besitzen die israelische Staatsbürgerschaft. Es handelt sich hierbei um jüdische und arabisch-palästinensische Israelis. Der Anteil der nichtjüdischen Israelis beläuft sich etwa auf 20 Prozent der Bevölkerung. Trotz des Gleichheitsgrundsatzes und des Demokratieprinzips werden die arabisch-palästinensischen Israelis kollektiv ausgeschlossen. Sie besitzen zwar den gleichen Pass und das gleiche Wahlrecht, dürfen aber keinen Militärdient leisten oder in sicherheitsrelevanten Wirtschaftssektoren arbeiten. In sämtlichen Sicherheitsfragen stehen sie unter dem Verdacht, als fünfte Kolonne subversiv und heimlich gegen Israel tätig zu werden. Dementsprechend sind keine ihrer Politiker in der Regierung vertreten. Hohe Arbeitslosigkeit und niedriges Einkommen sind kennzeichnend für diese Bevölkerungsgruppe. Durch die de facto eingeschränkten Rechte werden sie eindeutig benachteiligt. (Kelman 1999: 584; Johannsen 2006: 9ff)

Im Gegensatz zur israelischen Staatsbürgerschaft, die Juden und Nichtjuden besitzen, hat das Oberste Gericht in Israel hat darüber hinaus entschieden, dass es keine israelische, sondern nur eine jüdische Nationalität gäbe (vgl. Gorali 2003). Es wird damit eine Unterscheidung zwischen Staatsbürgerschaft und Nationalität getroffen. Das Recht zur Staatsbürgerschaft haben alle Juden in der Welt, die geflohenen und vertriebenen Palästinenser hingegen nicht. Das Recht auf Rückkehr wird in diesem Sinne aberkannt. Die fehlende Unterscheidung zwischen Religion und Nation liegt in der religiös-ideologischen Wahl von *Eretz Israel*[22] als Zielland der Kolonisation, welches dadurch im Kern zu einem religiösen Projekt wurde, in dem die Nationalität als jüdisch definiert wurde (Johannsen 2006: 10).

Das israelische Parteiensystem ist genauso heterogen wie die Gesellschaft. Die politischen Ansichten von *links* und *rechts* transportieren in Israel keine weltanschaulichen oder sozialpolitischen Inhalte, sondern unterscheiden sich im Wesentlichen in der Haltung zum israelisch-palästinensischen Konflikt (vgl. Perthes 2006: 201f). *Links* ist gleichbedeutend mit der Bereitschaft, Gebiete abzutreten und die nationalen Ziele der Palästinenser zu akzeptieren, während *Rechts* im Gegenzug an den besetzten Gebieten festhält und einen palästinensischen Staat ablehnt.[23] Aufgrund der niedrigen Prozenthürde von zwei Prozent gibt es in der fragmentierten Parteienlandschaft eine Vielzahl kleiner Parteien in der Knesset. Der nationalkonservative Likud und die sozialdemokratische Arbeiterpartei sind die größten Fraktionen, die jeweils mit den kleinen Parteien eine Regierungskoalition bilden. Dadurch üben diese kleinen Parteien häufig disproportional viel Einfluss aus. Im herausgebildeten Zweiparteiensystem sind die ultraorthodoxen Juden daher oft das Zünglein an der Waage (Johannsen 2006: 15). Im Zuge der Al-Aksa-Intifada hat es einen Rechtsrutsch im Parteienspektrum gegeben. Dies zeigt die Knesset-Wahl am 28. Januar 2003. In der 16. Knesset verteilten sich die gewählten 120 Angeordneten auf 13 Fraktionen, von denen sieben unter fünf Prozent Stimmenanteil lagen (Israel Ministry of Foreign Affairs 2003a). Ariel Sharons Likud wurde stärkste Kraft mit 38 Sitzen. Die Arbeiterpartei bekam nur 19 Sitze, so wenig wie noch nie zuvor. Die Mehrheit der Israelis denkt rechts und wählt rechts (Zimmermann 2010: 25; Perthes 2006: 221f). Sie sahen im entschlossenen Handeln Sharons die einzige Möglichkeit, die Sicherheitsprobleme im Zuge der andauernden Al-Aksa-Intifada erfolgreich zu bekämpfen.

Die Interessen der Siedlerbewegung werden neben einigen rechten Splitterparteien durch Teile des Likud vertreten (Weiter 2012: 15). Ihre politische Agenda trägt deutlich religiös-fundamentalistische Züge (Johannsen 2006: 20). Religiösnationalistisches Gedankengut spielt daher im Konflikt um potenzielle Gebietskon-

---

[22] Biblische Bezeichnung für den Staat der Juden/Hebräer, die im Zuge des Zionismus im 19. Jahrhundert wieder aufgegriffen wurde und auch im heutigen Staat Israel häufiger verwendet wird.
[23] Die Aschkenasim und die palästinensischen Israelis finden sich eher im linken Spektrum wieder. Auf der rechten Seite sind überwiegend die religiösen und orientalischen Juden sowie die Einwanderer aus Osteuropa und den USA zu verorten.

zessionen an die Palästinenser eine entscheidende Rolle. Die Verschmelzung nationaler und religiöser Diskurse hat zur Folge, dass der Einfluss des religiösen Sektors auf strategische Entscheidungen Israels gegenüber den Palästinensern gestiegen ist (Baumgart-Ochse 2010: 38).

> „Aufgrund der weitgehenden Kohärenz zwischen rechtsextremistischen, nationalistischen und ultra-orthodoxen Auffassungen bietet der Bedeutungszuwachs des religiösen Faktors denkbar schlechte Voraussetzungen für einen Friedensschluss Israels mit den Palästinensern. [...] Alle religiösen Parteien lehnen die Rückführung der Siedler nach Israel in den Grenzlinien von 1967 ab, alle sind gegen eine Teilung der Souveränität über Jerusalem bzw. gegen eine palästinensische Souveränität auf dem Tempelberg [...] und alle lehnen eine Rückkehr palästinensischer Flüchtlinge rigoros ab." (Johannsen 2006: 27f)

Die Verbindung zwischen religiös-fanatischen Tendenzen und einem jüdischen Nationalismus ist damit von einer Randerscheinung zu einer festen Größe geworden, die von keiner Regierung mehr ignoriert werden kann.

Neben der Siedlerlobby gibt es die Friedensbewegung, welche außerparlamentarisch Opposition bezieht. Allerdings lässt sich ihr Einfluss auf die Politik schwer beziffern. Organisationen wie *Shalom Achschaw* und *Gush Shalom* haben jedoch die Möglichkeit, für eine Alternative zur praktizierten Besatzungspolitik zu werben und nachhaltig das gesellschaftliche Klima zu beeinflussen. Dies kann die Wähler mobilisieren und damit tragfähige Konfliktlösungen innergesellschaftlich vorbereiten. (Weiter 2012: 15, vgl. Perthes 2006: 224) Allerdings ist der Einfluss der Friedensbewegung seit den 1990er Jahren gesunken, während der Anteil militanter Siedler tendenziell gestiegen ist (Timm 2003: 204).

Ein weiterer fundamentaler Faktor der Konsens- und Identitätsbildung stellt die israelische Armee[24] dar (Pradetto 2001: 31). Die israelischen Streitkräfte haben einen Umfang von etwa 170.000 Soldaten bei einer Bevölkerung von rund sieben Millionen Menschen (CIA World Factbook 2012). Männer müssen drei, Frauen knapp zwei Jahre Wehrdienst leisten. Die Armee hat das Schmelztiegelkonzept verinnerlicht und ist vom Verständnis der Gefahr geprägt, in der man seit der Staatsgründung lebt (Pradetto 2001: 31). Der hohe Anteil gedienter Israelis in der Bevölkerung macht deutlich, dass das Militär einen bedeutenden Sozialisations- und Integrationsfaktor darstellt. Die Identifikation mit der Armee und dem Militärischen im Allgemein ist in Israel hoch (vgl. Bar-On 2006: 189). Obwohl Israel die militärische Supermacht in

---

[24] Israel Defence Forces, abgekürzt IDF.

der Region ist, leidet die israelische Gesellschaft an einem permanenten Gefühl der Verwundbarkeit (Kelman 1999: 594). Der Grund dafür liegt in der jüdischen Vergangenheit und der Holocaust-Erfahrung. Die bisweilen unverhältnismäßige Härte der militärischen Reaktionen auf Terroranschläge dient zur Demonstration der Fähigkeit, den Schutz und die Sicherheit der Bevölkerung gewährleisten zu können (Kelman 1999: 594). Israel ist bemüht, durch die militärische Stärke und die Militarisierung der Gesellschaft das Gefühl des Opferseins und der Schwäche abzuschütteln (vgl. Wolffsohn/Bokovoy 2003: 49). Dies zeigte sich zum Beispiel an den oft überzogenen Reaktionen israelischer Soldaten während der Al-Aksa-Intifada. Mit der Armee wird der Stereotyp des Juden, der sich zur Schlachtbank führen lässt, gebrochen. Man beugt sich nicht mehr seinen Feinden.

Zusammengefasst gibt es drei Elemente der jüdischen Identität: Die Rolle der Religion, der Zionismus als jüdische Variante des Nationalismus sowie die Erfahrung des Holocaust. Die heterogene gesellschaftliche und politische Landschaft erschwert eine gemeinsame und gesellschaftsübergreifende Identität. Mit der zweiten und dritten Generation, die in Israel geboren wurde, zeichnet sich dieser Trend zunehmend ab. Die israelische Gesellschaft ist eine Mosaikgesellschaft. Das Schmelztiegelkonzept der Pioniergeneration ist in diesem Sinne gescheitert. Die Erfahrung der Diaspora sowie des Holocaust und das dadurch determinierte Sicherheitsbedürfnis sind prägende Elemente der israelischen Gesellschaft. Die Angst- und Opferkultur ist ein grundlegendes Merkmal der politischen Kultur Israels (Joggerst 2002: 93). Das äußere Feindbild hält diese heterogene und zerrissene Gesellschaft zusammen und verhindert einen Ausbruch innergesellschaftlicher Konflikte. Diese Identitätskonstruktion steht jedoch einem Friedensprozess in erheblichem Maße entgegen. (Weiter 2012: 16) Die Vorstellung einer homogenen Gesellschaft, wie sie die aschkenasischen Pioniere vorsahen, ist eine unrealistische Illusion geblieben. Dennoch wird das Bild einer homogenen israelischen Gesellschaft propagiert. Dies dient zur Stabilisierung und zum Schutz der nationalen Identität. Auch Feindbilder können diese Funktion erfüllen. Im folgenden Abschnitt geht es daher um das israelische Feindbild gegenüber den Palästinensern.

3.1.2. Israelisches Feindbild gegenüber den Palästinensern

Der durchschnittliche Israeli trifft hauptsächlich auf palästinensische Tagelöhner, die aufgrund der hohen Arbeitslosigkeit im Gazastreifen und in der Westbank über die Grenze kommen, um Arbeit zu finden (vgl. Beck 2002: 284f). Das Feindbild des Palästinensers ist das eines gewaltbereiten, unzivilisierten Fanatikers und Terroristen, der Kinder und unschuldige Zivilisten rücksichtslos angreift. Seit der Staatsgründung ist die Angst der ständige Begleiter, denn das zionistische Unternehmen habe sich gegen eine Kette von Provokationen und Gewaltakten seitens der arabischen beziehungsweise palästinensischen Bevölkerung zur Wehr setzen müssen (Zimmermann 2010: 16f). Die Palästinenser sind die Aggressoren und die Israelis die Opfer.

Israel lässt sich als von außen massiv gefährdete und deswegen nach innen zusammen geschweißte Einheit charakterisieren, weil der äußere Druck die Gesellschaft zusammenhält. Die Angst um die eigene Existenz und vor erneuter Vertreibung ist das große Trauma der Gesellschaft. Der militärische Behauptungskampf und der Holocaust determinieren nicht nur die Identität, sondern auch das Feindbild gegenüber den Palästinensern. Aufgrund der existenziellen Gefährdungen in der Vergangenheit herrscht in Israel eine Belagerungsmentalität, die davon ausgeht, dass die gesamte Welt gegen die Juden sei – vor allem aber die arabischen Völker. Die Basiskomponenten dieses Denkens sind der Holocaust und der Gedanke an den Versuch der totalen Vernichtung durch Israels Feinde, die sich in das israelische Gedächtnis eingebrannt haben. Das Holocaust-Gedenken ist kollektives Gebot und kollektiver Mythos. Solange dieser Mythos besteht, behindert dies eine pragmatische Politik gegenüber den Palästinensern, denn jeder Kompromiss birgt die grundsätzliche Gefahr eines neuen Holocaust. (Pradetto 2001: 25ff; Zimmermann 2010: 16; vgl. Wolffsohn 2007: 36f; vgl. Bar-On 2006: 17) Dieses Denkschema stellt ein *belief system* dar, an welches sämtliche Informationen angepasst werden.

Die Erfahrungen der Pogrome, des Holocausts und des Antisemitismus wurden von den Einwanderern Israels mitgebracht. Insbesondere beim Holocaust handelt es sich um ein importiertes Trauma, welches die Grundhaltung der Juden prägt. Hinzu kommen ein prinzipielles Überlegenheitsgefühl gegenüber den Arabern und das teilweise rücksichtslose Vorgehen der Siedler in der Vergangenheit. Die Zionisten waren als europäische Kolonisten nicht auf Kooperation mit der arabischen Bevölkerung eingestellt, sondern intendierten deren Unterordnung. (vgl. Zimmermann 2010: 21ff) Die Grundannahmen des Konstruktivismus besagen, dass zum einen Identitäten und Perzeptionen das Verhalten von Akteuren determinieren und zum anderen ein Wechselverhältnis zwischen den Akteuren und ihrer sozialem Umwelt besteht. Es wird deutlich, dass der vermeintlich unausweichliche Konflikt mit den Arabern und Palästinensern zur *Selffullfilling Prophecy* geworden ist. Entgegengebrachtes Misstrauen und Überlegenheitsattitüde provozieren die negative und feindliche Grundhaltung des jeweils anderen.

Israel setzt das Ziel der palästinensischen Bewegung, sprich die Befreiung Palästinas, mit der Intention der Auslöschung Israels gleich (Kelman 1999: 589). Hier zeigt sich deutlich die Vereinheitlichung zum Negativen durch den *Halo-Effekt*. Auch die rechtsradikale Meinung in Israel vereinheitlicht das Bild der Araber[25]. Alle seien gleich, egal ob es sich um Fatah, Dschihad, Hamas, Hisbollah, Taliban oder Iran handelt (Zimmermann 2010: 81). Die netten und freundlichen Araber würden nur ihre wahren, feindlichen Absichten verheimlichen. Aus diesem Grund müsse Israel radikale Lösungen ergreifen, um den erforderlichen Existenzkampf zu führen (Zimmermann 2010: 81). Der Prozess der *selektiven Wahrnehmung* wird dadurch besonders deutlich. Der Gegner wird als monolithischer Block konzipiert und jede Differenzierung ausgeblendet, um *kognitive Konsistenz* zu erzielen.

Die israelische Armee nennt sich *Israelische Verteidigungsarmee*. Die positive Attributzuschreibung unterstützt die Sichtweise, man sei keinesfalls der Aggressor, sondern schütze sich nur selbst. Der neue, wehrhafte Jude kann und will sich verteidigen, er sei kein schwaches Opfer mehr. Dennoch machen ihn die *Gojim*[26], so die Selbstdarstellung, nach wie vor zum Opfer und trachten nach seinem Leben. (Zimmermann 2010: 19f)

Die Israelis verneinen die Existenz einer palästinensischen Nation, denn bei ihnen handele es sich schlichtweg um Araber, die sich nur selbst als Palästinenser beschreiben und lediglich in der Region Palästina wohnen, ohne mit dem Land tatsächlich verwurzelt zu sein (Kelman 1999: 590). Der palästinensische Nationalismus sei künstlich und ohne historische Wurzeln. Die Streitfrage der palästinensischen Identi-

---

[25] In diesem Zusammenhang wird nicht zwischen Palästinensern und Arabern unterschieden.
[26] Dieser negativ besetzte Begriff bezeichnet die Nichtjuden, aber vornehmlich die Araber und Palästinenser. Er wird hauptsächlich von orthodoxen Juden gebraucht.

tät äußert sich auch in israelischen Schulbüchern, in denen bis in die 1980er Jahre lediglich von „*the Arabs of the land of Israel* instead of *Palestinians*" gesprochen wurde (Tabarani 2008: 33; Hervorhebung DW).

Die rechtsorientierte Meinung in Israel besagt, dass Araber und Palästinenser keinen Vorwand zum Hass auf Israel bräuchten. Sie seien gewissermaßen von Natur aus den Israelis beziehungsweise den Juden feindlich gesinnt. Gegenläufige Meinungen genießen in Israel wenig Zustimmung. Außerdem wird diese Ansicht von einigen Wissenschaftlern unterstützt, welches dieser Haltung einen gewissen Nachdruck verleiht. (Zimmermann 2010: 20; vgl. Bar-On 2006: 206)

Diese rassistische Sichtweise etabliert eine essentielle Differenz des Anderen und wird als essentielle Bedrohung des Selbst konstruiert. Die Eigenschaften der Araber und Palästinenser sind nicht veränderbar und gelten als absolute Wahrheit. Aus diesem Grund verhindert es die Untersuchung des Dialogs und den Fortschritt.

Einige Wissenschaftler sind der Ansicht, die gesamte arabische Welt und der Islam seien ewig antisemitische Kräfte. Überall, wo es Islam gibt, gäbe es Krieg. Mit Muslimen könne man keinen Frieden schließen, da diese höchstens einen Waffenstillstand mit Andersgläubigen eingingen. Damit wird der Frieden zur reinen Illusion, weil der Araber jederzeit zum Dolchstoß bereit sei. (Zimmermann 2010: 82ff) Diese kulturalistische Sichtweise sieht die arabisch-muslimische Kultur als etwas Statisches an, weil die Wesensmerkmale der arabischen Muslime angeblich unveränderbar seien. Diese Haltung beansprucht die absolute Wahrheit und entzieht sich deshalb dem Diskurs.

Das Bild des gewaltbereiten Palästinensers wurde durch die israelische Propaganda und Desinformation gestützt. Ehud Barak und seine Mitarbeiter wiederholten stets die Kernaussage, Arafat habe das großzügige Angebot Israels im Zuge der Bemühungen um die Fortführung des Osloer Friedensprozesses[27] mit Terror und Gewalt beantwortet und habe sich deshalb als Partner für den Frieden disqualifiziert. Viele Israelis glaubten diese Darstellung unreflektiert. Kritische Beobachter bemerkten, die israelische Gesellschaft meide unangenehme Wahrheiten. Schließlich sei die Besatzung auch eine Form der Gewalt, denn nicht nur Selbstmordattentate, sondern auch die Beschießung bewohnter Häuser sei Terrorismus. Es sei auch ein Akt der Gewalt,

---

[27] Auch bekannt als Camp David II

einer ganzen Nation die Bewegungsfreiheit zu rauben, ein Akt der Gewalt, der ein Volk dazu bringt, mit allen zur Verfügung stehen Mitteln zu kämpfen. Des Weiteren misst Israel bei Opfern mit zweierlei Maß. Jüdische Opfer seien wertvoller als palästinensische. (Perthes 2006: 223f) Dies zeigt sich am deutlichsten an der Politik der *targeted killings*, bei der Terroristen und als gefährlich eingestufte Personen von Hamas und Fatah ohne Gerichtsverfahren eliminiert werden (Bröning/Meyer 2010: 33; Tabarani 2008: 246).

Dieses Beispiel verdeutlicht den Prozess der *selektiven Wahrnehmung*, um *kognitive Konsistenz* herzustellen. Die dissonante Information der eigenen Schuld und Gewaltanwendung wird ignoriert oder abgewertet. Offenbar reichen der Umfang und die Überzeugungskraft der kritischen Stimmen nicht aus, um die etablierten Vorstellungen zu ändern. Der *boomerang effect* trägt damit zur Stabilisierung des Feindbildes der gewalttätigen Palästinenser bei.

Einflussreiche orthodoxe Juden sind zwar in der Minderheit, haben aber dennoch großen Einfluss auf den israelischen Diskurs. Sie vertreten die Auffassung, dass laut der biblischen Überlieferung die sieben Völker Kanaans und die Amalekiter als Erzfeinde des israelischen Volkes gelten, die man bis zur Ausrottung zu bekämpfen hat. Diese Einstellung ist leicht auf die Palästinenser oder Araber zu übertragen. (Zimmermann 2010: 73) Auch dieses Beispiel zeigt deutlich die *Enmifikation*. Dem Feind wird kein Mitgefühl entgegengebracht. Die binäre Reduktion durch das *Schwarz-Weiß-Denken* ist offensichtlich.

Ein großes Problem bei der Friedenssuche gibt es mit den ideologischen und religiös motivierten Siedlern (Baumgart-Ochse 2010: 39). Zimmermann (2010: 85) bezeichnet sie als Stolpersteine, Erpresser und Geiselnehmer der israelischen Mehrheit. Sie identifizieren sich mit dem Zionismus sowie dem Siedlungsunternehmen und stützen sich dabei auf eine fundamentalistische Auslegung der jüdischen Religion. Ohnehin glauben sie nicht an die Friedensbereitschaft der Palästinenser, so dass sie sich selbst nicht als schwerwiegendes Problem bei Friedensverhandlungen betrachten. Man wäre die Palästinenser sowieso lieber ganz los. Die Unsicherheit der israelischen Politik im Umgang mit den Palästinensern begünstigt diese Haltung. Des Weiteren gründet der Erfolg der Siedler in der Tatsache, dass die israelische Bevölkerung kaum Berührungspunkte mit den Siedlungen und den vor Ort herrschenden Verhältnisse hat. Sie genießen beinahe eine Stellung jenseits aller Gesetze. Für ihren Schutz werden der Sperrwall und Apartheits-Straßen[28] auf palästinensischem Territorium errichtet. Sie können ungehindert ihre palästinensischen Nachbarn quälen und terrorisieren.[29] Für jeden terroristischen Anschlag palästinensischer Attentäter gibt es eine in einer Art Preisliste festgelegte Vergeltungsmaßnahme – jeder Angriff kostet etwas (Zimmermann 2010: 86ff). Dies bedeutet eingeschlagene Fensterscheiben, zerstochene Autoreifen, verbrannte Autos, demolierte Häuser oder sogar verletzte oder tote Palästinenser. Ermittlungen oder Verhaftungen gibt es nur selten. Die Polizei, das Militär und sogar Teile der Siedler selbst fürchten die Gewaltbereitschaft dieser militanten Siedler (vgl. Breaking the Silence 2012). Es verwundert daher nicht, dass man die Siedler gewähren lässt und dafür auch die Möglichkeit auf Frieden aufgibt. Das Beispiel der radikalen Siedler offenbart, wie stark die Abwertung und Abgrenzung durch die Feindbildkonstruktionen erfolgt ist. Der Prozess der Dehumanisation ermöglicht die Bereitschaft zur Gewaltanwendung, sogar zum Töten. Die Gleichgültigkeit gegenüber Leiden und die Abwertung von anderen sind inhärent.

Nachdem nun die israelische Identität in ihren Grundzügen dargestellt und das Feindbild gegenüber den Palästinensern sowie der Zusammenhang von Identität und Feindbild aufgezeigt wurde, folgt in einem nächsten Schritt die Analyse der anderen Konfliktpartei.

3.2. Die Palästinenser

3.2.1. Grundzüge der palästinensischen Identität

Für die Palästinenser gibt es zwei konstituierende Merkmale ihrer Identität. Zum einen ist es die Verbindung zum Territorium. Das Gebiet Palästina ist ihre Heimat, welches geteilt und teilweise verloren ist. Zum anderen spielt das kollektive Ge-

---

[28] Hierbei handelt es sich vornehmlich um die Schnellstraßen in der Westbank, die die israelischen Siedlungen verbinden und deren Benutzung für Palästinenser untersagt ist.
[29] Insbesondere die Siedler in Hebron sind für ihre Misshandlungen und Diskriminierungen gegenüber der palästinensischen Bevölkerung bekannt. Um sich vor den Übergriffen der Siedler zu schützen, leben die Palästinenser in vergitterten Häusern. Eine fünfzehnjährige Siedlerin beschimpfte beispielsweise über Minuten eine Palästinenserin als „Hure". In einem anderen Fall griffen vier Siedler palästinensische Bauern an, die bei der Olivenernte waren. Die Palästinenser wurden brutal geschlagen und mit Steinen beworfen. Eine Gruppe ehemaliger Soldaten, die *Shovrim Shtika* (englisch: Breaking the Silence), hat die Vorfälle und Übergriffe in einer Ausstellung und im Internet öffentlich gemacht. (Breaking the Silence 2012)

dächtnis eine zentrale Rolle. Es ist das wichtigste Element für das Bewahren und Fördern des palästinensischen Nationalismus. (Litvak 2009: 4) Bislang haben die Palästinenser keine vollständige Form der nationalen Unabhängigkeit in ihrem eigentlichen Heimatland erreicht.[30] Das Scheitern von Staatlichkeit und Souveränität ist das zentrale Problem der modernen palästinensischen Geschichtsschreibung (Khalidi 1997: 10f).

Die Kreuzzüge haben für die Palästinenser eine besondere Bedeutung. Sie sind das Symbol für den ultimativen Triumph des Widerstandes gegen eine fremde Invasion und Kolonisation. Dies steht im unglücklichen Kontrast zum erfolgreichen zionistischen Unternehmen. (Khalidi 1997: 13)

Die Wichtigkeit der kolonialen Grenzziehung ist einschlägig für die Gestaltung des palästinensischen Nationalismus. Nach dem Ersten Weltkrieg opponierten arabische Nationalisten und die muslimische Bevölkerung Palästinas gegen eine Abspaltung Palästinas vom geplanten arabischen Königreich Großsyrien und übernahmen die Identität und das politische Programm eines südlichen Syriens als das beste Mittel gegen die aufkeimende zionistische Bedrohung. Während der kurzen Herrschaft Faisals haben tausende palästinensische Intellektuelle eine Petition an die britische Regierung verfasst, um ihrer Überzeugung Geltung zu verschaffen, dass Palästina zu Syrien gehöre. Obwohl die südsyrische kollektive Identität nach dem Sturz Faisals nahezu vollständig aus der lokalpolitischen Szene verschwunden war, verurteilten palästinensische Autoren die künstliche Grenzziehung zwischen Palästina und Syrien als ein negatives Nebenprodukt britischen Imperialismus und Zionismus. (Litvak 2009: 9)

Ein weiteres Hemmnis für den Ausdruck einer separaten palästinensischen Identität stellten die externen Mächte Großbritannien und die USA dar, die den palästinensischen Nationalismus als eine Gefährdung ihrer Interessen betrachteten. Am deutlichsten zeigt sich dies in der Balfour-Deklaration[31], in der die nationalen Rechte der

---

[30] Etwa 130 Staaten erkennen die palästinensischen Autonomiegebiete aufgrund der 1988 erfolgen Unabhängigkeitserklärung als eigenständigen Staat an. Israel, die UN und die meisten westlichen Staaten tun dies jedoch nicht. Seit dem 31. Oktober 2011 sind sie jedoch als *Palästina* Mitglied der UNSESCO.
[31] „[…] Die Regierung Seiner Majestät betrachtet mit Wohlwollen die Errichtung einer nationalen Heimstätte für das jüdische Volk in Palästina und wird ihr Bestes tun, die Erreichung dieses Zieles zu erleichtern, wobei, wohlverstanden, nichts geschehen soll, was die bürgerlichen und religiösen Rechte der bestehenden nicht-jüdischen Gemeinschaften in Palästina oder die Rechte und den politischen

Palästinenser nicht berücksichtigt wurden. Weder die Palästinenser, noch die Araber oder die Syrer wurden konkret erwähnt. Sie wurden lediglich als *nicht-jüdische Gemeinschaft* bezeichnet. Dadurch wird indirekt hervorgehoben, dass die britische Regierung das zionistische Unternehmen bevorzugt und ein Selbstbestimmungsrecht der Palästinenser de facto verneint wird. In der Zeit nach dem Ersten Weltkrieg besaßen die Palästinenser überdies nicht die ausreichende Gruppenkohäsion und Solidarität, um sich wie die arabischen Nachbarn[32] gegen die Kolonialmächte zu erheben, welches nicht immer mit einem eindeutigen Sieg endete, jedoch im Ergebnis immer die Unabhängigkeit war. (Khalidi 1997: 22ff)

Die jüdischen Einwanderungswellen nach Palästina in den frühen Jahrzehnten des 20. Jahrhunderts, verbunden mit dem massiven Ankauf von Land, Bau von Siedlungen und sozialen Institutionen und der Absicht einer israelischen Staatsgründung, führten schnell zum Zusammenstoß mit der dort ansässigen arabischen Bevölkerung, welches einen wachsenden arabischen Nationalismus und die Konstruktion einer palästinensischen Identität zur Folge hatte (Kelman 1999: 583; Tabarani 2008: 20). Das zionistische Projekt, im historischen Palästina einen jüdischen Staat zu gründen, wurde weder von der arabischen Bevölkerung Palästinas, noch von den umliegenden arabischen Nachbarn akzeptiert und die Staatsgründung Israels als aggressiver kolonialistischer Akt wahrgenommen (Perthes 2006: 197). Die zionistische Herausforderung unterstützte die palästinensische Identitätsfindung und stärkte den palästinensischen Nationalismus (Tabarani 2008: 30).

> „Important though Zionism was in the formation of Palestinian identity – as the primary 'other' faced by the Palestinians for much of this century- the argument that Zionism was the main factor in provoking the emerge of Palestinian identity ignores one key fact: a universal process was unfolding in the Middle East during this period, involving an increasing identification with the new states created by the post-World War I partitions." (Khalidi 1997: 20)

Die Mehrheit der palästinensischen Bevölkerung lebt in der Westbank und im Gazastreifen, den beiden Teilen von Palästina, die nach 1948 noch in arabischer Hand verblieben sind.[33] Viele von ihnen leben in Flüchtlingslagern. Außerdem leben Teile

---

Status der Juden in anderen Ländern in Frage stellen könnte. Ich wäre Ihnen dankbar, wenn Sie diese Erklärung zur Kenntnis der Zionistischen Weltorganisation bringen würden. [...]"

[32] Ägypten in 1919 und 1936; Tunesien Mitte der 1950er Jahre; Syrien 1925-26 und 1936; Irak 1941 und 1946-48; und Libanon 1943.

[33] Im Sechstagekrieg wurden diese Gebiete von Israel besetzt. Nach dem Gaza-Jericho-Abkommen 1994 wurde die Palästinensische Autonomiebehörde gegründet, die die meisten palästinensischen Gebiete verwaltet. Israel behält sich weiterhin militärische Befugnisse vor. (Tessler 2009: 465ff)

der palästinensischen Bevölkerung in der palästinensischen Diaspora. Die größte Gruppe von ihnen befindet sich in Jordanien, wo sie mittlerweile über 50 Prozent der Gesamtbevölkerung ausmachen. (Kelman 1999: 584; Tabarani 2008: 86ff) Die palästinensischen Flüchtlinge in den arabischen Nachbarstaaten wurden nach 1948 teilweise in die Gesellschaften integriert, verfügen aber über überlappende Identitäten (Khalidi 1997: 22). Das liegt daran, dass das Trauma von 1948 die Selbstdefinition der Palästinenser stärkt (vgl. Tabarani 2008: 27f). Die gemeinsamen Erlebnisse lassen die Palästinenser enger zusammenrücken und prägen das kollektive Gedächtnis. „The Palestinians held fast to this strong sense of identity after 1948, both those who became refugees, and those who remained in their homes inside Palestine" (Khalidi 1997: 28). Die PLO versuchte gezielt, eine Einbürgerung und Assimilation in die Gesellschaften der arabischen Aufnahmestaaten zu verhindern. Dieser Sorge wurde durch die Festschreibung eines *Ius Sanguinis* in der Palästinensischen Nationalcharta entgegengewirkt (Küntzel 2003:112f). In Artikel 4 und 5 heißt es:

> „Die palästinensische Identität ist ein echtes, essenzielles und angeborenes Charakteristikum; sie wird von den Eltern auf die Kinder übertragen. [...] Jedes Kind eines palästinensischen Vaters, das nach diesem Zeitpunkt geboren wurde – (sei es nun) in Palästina oder außerhalb – ist ebenfalls Palästinenser." (Palästinensische Nationalcharta 1968)

Verschiedene Erlebnisse sind für das kollektive Gedächtnis von großer Bedeutung. Für viele junge Palästinenser sind es drei prägende Ereignisse. Zu nennen ist die Vertreibung der Großeltern nach 1948, traumatisierende Erfahrungen während der ersten Intifada 1987 durch den Tod oder die Gefangennahme von Freunden und Verwandten und die Belastungen der Al-Aksa-Intifada 2000, verbunden mit Ausgangssperren und Studienunterbrechungen (Freise 2011: 19f). Die kollektiven Traumata spielten bei der Gestaltung und beim Ausdruck einer separaten palästinensischen Identität eine wichtige Rolle (Khalidi 1997: 19).

Die israelische Staatsgründung in Verbindung mit Krieg und Vertreibung wird von den Palästinensern als *Nakba*[34] bezeichnet. Jährlich am 15. Mai, dem Tag der israelischen Unabhängigkeitserklärung, wird der *Tag der Nakba* gefeiert. Sie ist das wichtigste Element der palästinensischen Identität und hat eine ähnliche Bedeutung wie der Holocaust für die israelische Identität. „The Nakba represented the defeat, displacement, dispossession, exile, dependence, insecurity, lack of statehood, and fight for survival of the Palestinians" (Webman 2009: 29). Die Vertreibung und die Flucht

---

[34] Das arabische Wort Nakba bereichnet Katastrophe oder Unglück.

hatten außerdem die Zerstreuung der palästinensischen Elite und die Zerstörung der traditionellen politischen Strukturen zur Folge (Khalidi 1997: 21).

Ihr kommt die Bedeutung eines Gründungsmythos zu. Dieses problematische historische Ereignis manifestiert sich in der palästinensischen Tendenz, die Gegenwart zu ignorieren, mit der Vergangenheit zu vertauschen und sich dabei auf die Geschichte zu fixieren. Dies zeigt sich an drei Merkmalen: *erstens* die Erinnerung an ein verlorenes Paradies, *zweitens* das Trauern um die gegenwärtige Situation und *drittens* die Beschreibung einer bevorstehenden Heimkehr. Die traumatischen Erlebnisse in der palästinensischen Geschichte haben jedoch eine einende nationale Funktion. Die Nakba hat sich in die Psyche der Palästinenser eingebrannt. (Webman 2009: 41)

Die erste Intifada, die Ende 1987 in der Westbank und im Gazastreifen ausgebrochen ist, ist das Symbol für den palästinensischen Kampf und den Widerstand gegen die zionistische Besatzung (Suleiman 2011: 22). Für die palästinensische Identität ist sie von großer Bedeutung. Emotional ist die Intifada eng mit den Gefühlen der Nakba konnotiert. Die Spannungen zwischen dem Ethos des Kämpfens und des Aktivismus sowie dem Ethos der Opferrolle und des Exils können als Reflexion der Unreife der palästinensischen Nationalbewegung und ihrer Unfähigkeit, die Nakba zu endgültig verarbeiten, angesehen werden (Webman 2009: 32). „The Nakba was being reconstructed as a founding myth to shape the memory of the past while serving a springboard to a more hopeful future" (Webman 2009: 33).

Im Lichte des Osloer Friedensprozesses, der Rückkehr der PLO und der Etablierung der Palästinensischen Autonomiebehörde traten die Palästinenser in eine postrevolutionäre Ära ein (vgl. Asseburg 2002: 152f). Dies ermöglichte ihnen, einen neuen Blick auf die Nakba zu werfen und ihre Bedeutung neu zu bewerten. Während früher die Nakba mit dem Konzept von Revolution und bewaffnetem Kampf Hand in Hand mit der Verdrängung der großen Demütigung gingen, wandelte sich die Perzeption zu der einer Nakba in Verbindung mit der politischen Institutionalisierung und einer partiellen Unabhängigkeit. Die Akzeptanz der neuen Realität und der Versuch, die negativen Effekte der Nakba zu überwinden, leiteten einen nationalen Erholungsprozess ein. (Webman 2009: 33)

Im Zuge der Al-Aksa-Intifada, die Ende September 2000 ausbrach, und dem sich anschließenden Auseinandersetzungen niedriger Intensität zwischen Israel und den

Palästinensern, wurden die Erinnerungen an 1948 neu entzündet und der alte Mythos um die Nakba wiederbelebt. Dies bekräftigte die Sichtweise von Opferrolle und radikalisierte den Diskurs des *Anderen*, sprich des zionistischen Feindes. (Webman 2009: 40)

Die Gründung Israels bedeutete den Moment der Niederlage und der Vertreibung des palästinensischen Volkes. Durch die wirtschaftliche und militärische Stärke Israels, verbunden mit der erfolgreichen nationalen Konstitution, wird den Palästinensern ihre eigene Staatenlosigkeit, Ohnmacht und Mangel an Gestaltungsmacht besonders schmerzhaft deutlich. Ihre Schwäche und Verletzlichkeit ist daher direkt mit Israels Stärke verknüpft. Daraus entwickelte sich eine Kultur der Opferrolle als ein fester Bestandteil der palästinensischen Geschichte und Identität (vgl. Webman 2009: 35).

Seit den 1950er Jahren gibt es deutliche radikal-islamische Tendenzen im Diskurs um den palästinensischen Nationalismus. Islamistische Fraktionen, wie die *Hizb al-Tahrir al-Islami*[35], haben ihre Wurzeln in dieser Zeit. Die bedeutendste palästinensisch-islamistische Partei ist die *Hamas*[36], die in den späten 1980er Jahren gegründet wurde und in Konkurrenz zur eher konservativen und nicht-islamistischen *Fatah*[37] sowie PLO steht (vgl. Oxford Islamic Studies Online 2012; vgl. Asseburg 2010: 4). Seit Beginn des Oslo-Prozesses ist der Chef der Fatah zugleich auch Präsident der Palästinensischen Autonomiebehörde und Vorsitzender der PLO, welche offiziell der einzige legitime Verhandlungspartner für Israel und die internationale Gemeinschaft darstellt (Bröning/Meyer 2010: 29). Die Fatah ist im Oktober 2003 mit 29,3 Prozent Zustimmung die stärkste palästinensische Fraktion, gefolgt von der Hamas mit 22,6 Prozent (Jerusalem Media and Communications Center 2003: 10). Die islamistische Terrororganisation *Islamischer Jihad* genoss 5,4 Prozent Vertrauen, 28 Prozent vertrauten keiner Fraktion (Jerusalem Media and Communications Center 2003: 10).[38]

Sämtliche islamistischen Fraktionen verstehen unter dem palästinensischen Nationalismus mehr oder weniger eine Form der islamischen Identität, obwohl sie in erster

---

[35] Die Islamistische Befreiungspartei wurde 1953 in Jerusalem gegründet. Ihr Ziel ist die Errichtung eines gesamt-islamischen Staates mit einem Kalifen an der Spitze und der Scharia als Rechtsordnung.
[36] Das Ziel der 1987 während der Intifada gegründeten Hamas ist die Vernichtung Israels mit terroristischen Mitteln und die Errichtung einer islamischen Theokratie in der Region Palästina. Ihre karitativen Tätigkeiten verschafften ihr Popularität. Seit dem Wahlsieg 2006 regiert sie im Gazastreifen, nachdem sie den Kampf um Gaza 2007 gegen die Fatah gewonnen hatte.
[37] Die Fatah ist seit 1969 die stärkste Fraktion innerhalb der PLO, die von Arafat bis zu dessen Tod 2004 geführt wurde (vgl. Asseburg 2002: 157f).
[38] Keine weitere Fraktion erreichte eine Zustimmung von über 5 Prozent.

Line palästinensische Organisationen sind (Khalidi 1997: 148f). Unklar bleibt, wie sie die Spannungen zwischen ihrer allgemeinen islamischen Botschaft und der partikularen palästinensischen Realität, in der sie entstanden sind, auflösen wollen (Khalidi 1997: 149).

Ironischerweise haben die zahlreichen Niederlagen und das gemeinsam erlebte Leid den Palästinensern letztendlich geholfen, eine universelle palästinensische Identität zu entwickeln (Khalidi 1997: 193). Am Ende ist es egal, wo die Wurzeln der palästinensischen Identität liegen. Eine Folge der künstlichen Grenzziehung war die Tatsache, dass durch dieses Zeichnen von Landkarten eine *konstruierte Gesellschaft* zu einer konkreten Realität geworden ist. Die palästinensische nationale Identität ist mittlerweile ein existenter Faktor, für den sich viele Palästinenser opfern würden. (Litvak 2009: 7ff) Sie existieren nicht als eine unabhängige Einheit mit einer unabhängigen Geschichte, sondern nur in Verbindung mit einer anderen Einheit und einer anderen Geschichte (Khalidi 1997: 147). Die Verknüpfung und Verschränkung mit der Einheit Israel ist offensichtlich. Auf diesen Punkt der Interdependenz wird in Kapitel 3.3. näher eingegangen.

Durch Flucht und Vertreibung in die arabischen Nachbarstaaten zerstreuten sich die Palästinenser. Sie kehrten teilweise zurück oder leben in Flüchtlingslagern. Die räumliche Trennung von Gazastreifen und Westbank, insbesondere in Verbindung mit der Abriegelungspolitik durch Israel, erschwert die Herausbildung einer homogenen palästinensischen Gesellschaft (vgl. Beck 2002: 293f).[39] All diese Faktoren begünstigen im Umkehrschluss die Heterogenität der Palästinenser. Die Vorstellung, die Palästinenser seien ein homogenes Volk, ist aus diesem Grund unrealistisch.[40] Die Funktion dieser Vorstellung besteht darin, die nationale Identität der Palästinenser zu schützen und zu festigen. Die Gruppenkohäsion soll erhöht werden. Dies geschieht auch durch Feindbilder. Im nächsten Abschnitt wird das palästinensische Feindbild gegenüber Israel erörtert.

---

[39] So führte zum Beispiel die Rückkehr der Exilbewegung in die besetzten Gebiete zu Konflikten mit den lokalen Machtstrukturen, weil der Exil-PLO wegen mangelnder Verwurzelung mit der lokalen Bevölkerung die Legitimation fehlte. Arafat und seine Mitstreiter wurden abschätzig als *Tunesier* bezeichnet. (Asseburg 2002: 152f)
[40] Artikel 4 und 5 der Palästinensischen Nationalcharta beispielsweise stützen durch den Ius Sanguinis diese Illusion.

3.2.2. Palästinensisches Feindbild gegenüber Israel

Der durchschnittliche Palästinenser trifft hauptsächlich auf israelische Soldaten, Bürokraten und Siedler (Kelman 1999: 584). Für ihn gestaltet sich das Bild des Israeli als eines des Besatzers, Unterdrückers, Kolonialisten, Rassisten, Vertreibers und Zerstörers, der für Bombardements, Massaker, Folter, Diskriminierung, Verschleierung des eigenen Handelns und undemokratischer Praktiken verantwortlich ist. Die meisten Palästinenser sind der Auffassung, sie hätten den Preis für den jüdischen Staat bezahlt und jetzt geschehe ihnen das, was den Juden selbst mit der Diaspora angetan wurde (Bar-On 2006: 194). „Israel was accused of committing the biggest crime history has ever known" (Webman 2009: 35). Demnach sind die Israelis skrupellose Aggressoren und die Palästinenser die Opfer.

Viele Palästinenser verneinen die Existenz eines jüdischen Volkes, weil das Judentum lediglich eine Religion und aus diesem Grund keine reelle Nation sei. Darüber hinaus wird angezweifelt, dass es sich beim Zionismus um eine richtige Nationalbewegung handle. Zionismus sei vielmehr eine Form des Siedlungskolonialismus, weitergeführt von Europäern, die keine Verbindung zum Land hätten. (Kelman 1999: 590) Diese Grundeinstellung ist das palästinensische *belief system*, in welches alle eingehenden Informationen angepasst werden.

Bestimmte Motive tauchen im palästinensischen Diskurs seit 1967 immer wieder auf. Sie sehen sich als Opfer eines abscheulichen Verbrechens und einer westlichen Verschwörung. Der zionistische Feind wird dämonisiert. Der Wunsch zur Heimkehr ist stark ausgeprägt. Wut und Rachegedanken sowie das Überwinden der empfundenen Demütigungen sind allgegenwärtig. Darüber hinaus gibt es ein ausgeprägtes glorifizierendes Heldentum und die Idealisierung palästinensischer Verluste. Heldentaten und der Jihad palästinensischer Helden aus der Mandatszeit, der arabischen Revolte 1936 und der Katastrophe von 1948 sind beliebte und weitverbreitete Geschichten. Der zionistische beziehungsweise israelische Feind ist der ultimative *Andere*, von dem sich auf radikalste Weise abgegrenzt wird. (vgl. Webman 2009: 31f)

Palästinenser bekommen die Ablehnung der Israelis zu spüren, wenn sie beispielsweise an Checkpoints von israelischen Soldaten gehindert werden, zur Arbeit oder Universität zu gehen. Oder wenn Palästinenserinnen wegen ihrer Kopftücher von jungen israelischen Soldaten grob behandelt und gedemütigt werden. Das Unrechtsempfinden ist so stark, dass viele Palästinenser nicht bereit sind, den Israelis beziehungsweise den Juden das durch den Holocaust erfahrene Leid anzuerkennen. (Freise 2011: 20) Oft scheitern auch viele Dialogversuche, weil sich Palästinenser im Angesicht von Erzählungen über den Holocaust mit ihrer eigenen Geschichte an den Rand gedrängt und überwältigt fühlen (Senfft 2010: 6).

Insbesondere für die palästinensische Führung unter Arafat war der Holocaust ein Tabuthema. Seitens des Erziehungskomitees des Palästinensischen Parlaments hieß es, es bestehe kein Interesse an einem Unterricht über den Holocaust. Dieser stelle eine potenzielle Gefahr für das palästinensische Selbstbild dar. (Künztel 2003: 117f) Im Gegensatz dazu scheint Hitlers *Mein Kampf* keinerlei Bedrohung für das Selbstbild der Palästinenser darzustellen. Die Autonomiebehörde hatte die Verbreitung ausdrücklich autorisiert und das Buch rangierte 1999 auf Platz sechs der Bestsellerliste im palästinensischen Autonomiegebiet (Middle East Media Research Institute 1999). In der Einleitung des Übersetzers heißt es:

> „Adolf Hitler does not belong to the German people alone, he is one of the few great men who almost stopped the motion of history, altered its course, and changed the face of the world. Hence, he belongs to history. [...] National Socialism did not die with the death of its herald. Rather, its seeds multiplied under each star." (Middle East Media Research Institute 1999)

Die Autonomiebehörde sät damit nicht nur auf diese Weise den Nationalsozialismus, sondern erntet auch die Praxis von der Vernichtung der Juden. Die Funktion besteht darin, Legitimationsgründe für die Vernichtung Israels zu schaffen und sich selbst in die Opferrolle zu projizieren. (vgl. Küntzel 2003:117)

Das Feindbild des israelischen Aggressors und Unterdrückers findet sich auch in der *Palästinensischen Nationalcharta* wieder. In Artikel 9 wird von einer „grundlegenden Auseinandersetzung, die zwischen den Kräften des Zionismus und Imperialismus auf der einen und dem arabischen palästinensischen Volk auf der anderen Seite besteht", gesprochen. Nicht minder reaktionär ist die in Artikel 15 formulierte Zielsetzung, Israel zu beseitigen[41], wie auch die in Artikel 19 behauptete völlige Illegalität der Teilung Palästinas und der israelischen Staatsgründung. Die Skizzierung einer jüdischen Weltverschwörung findet in Artikel 22 seinen Ausdruck, in dem es heißt, dass Israel „eine ständige Quelle der Bedrohung für den Frieden im Nahen Osten und

---

[41] „Die Befreiung Palästinas ist vom arabischen Standpunkt aus nationale Pflicht. Ihr Ziel ist, der zionistischen und imperialistischen Aggression gegen die arabische Heimat zu begegnen und den Zionismus in Palästina auszutilgen."

in der Welt" sei und außerdem die Beschreibung des Zionismus als „eine politische Bewegung, die organisch mit dem internationalen Imperialismus verbunden" sei. Seine Eigenschaften seien „rassistischer und fanatischer Natur", seine Ziele seien „aggressiv, expansionistisch und kolonialistisch" und seine Methoden „faschistisch". (Palästinensische Nationalcharta 1968)

Des Weiteren zeichnet auch die Hamas ein Bild von einer jüdischen und imperialistischen Weltverschwörung. In Artikel 32 der Hamas-Charta heißt es, dass „World Zionism and Imperialist forces have been attempting, with smart moves and considered planning, to push the Arab countries, one after another, out of the circle of conflict with Zionism, in order, ultimately, to isolate the Palestinian People."

Das Konstrukt einer jüdischen Weltverschwörung wurde auch durch die Ereignisse des 11. September 2001 weiter genährt. Einer Legende nach seien 4.000 Juden an jenem Tag durch den Mossad gewarnt worden, das World Trade Center zu betreten.[42] Diese Geschichte impliziert das Bild eines Juden, dessen Geheimdienst über tausende Leichen geht, nur um der arabischen Sache zu schaden. Außerdem füge sich jeder Jude außerhalb Israels mit eiserner Disziplin den Anweisungen aus Tel Aviv[43]. Zudem liefere der „New Yorker Jude" der Legende zufolge seine nichtjüdischen Arbeitskollegen kaltblütig ans Messer aus. (Küntzel 2003: 135)

Das Bild des weltverschwörerischen Juden, der für seine Sache über Leichen gehe, schließt ihn aus der moralischen und menschlichen Gesellschaft aus. In diesem Sinne wird ihm die Menschlichkeit abgesprochen. Dies erfüllt ein weiteres Kriterium der Feindbilder. Anzumerken ist, dass die Juden seit jeher der Verschwörung bezichtigt werden. Dieses Feindbild gibt es daher nicht nur unter den Palästinensern oder Arabern.

Die Selbstmordattentate traten im israelisch-palästinensischen Konflikt seit 1994 auf (Halwani/Kapitan 2008: 149). Sie sind zum Charakteristikum der Al-Aksa-Intifada geworden (Küntzel 2003: 120). Im Oktober 2003 befürworteten 61,8 Prozent der palästinensischen Bevölkerung Selbstmordanschläge gegen die israelische Zivilbevölkerung (Jerusalem Media and Communication Center 2003: 8). Hierbei handelt es

---

[42] Diese Geschichte verbreitete sich schnell über das Internet. Der genaue Ursprung lässt sich dadurch nicht genau nachvollziehen. Vermutlich ist die libanesische Hisbollah dafür verantwortlich, jedoch fand diese Legende großen Anklang in der gesamten islamischen Welt (vgl. Haaretz 2008).
[43] Der Hauptsitz des Mossad ist in Tel Aviv.

sich um ein kühl kalkuliertes Politikmittel, deren taktisches Ziel in der *Hamas-Charta* festgehalten ist:

> „[Peace] initiatives, the so-called peaceful solutions, and the international conferences to resolve the Palestinian problem, are all contrary to the beliefs of the Islamic Resistance Movement. For renouncing any part of Palestine means renouncing part of the religion; the nationalism of the Islamic Resistance Movement is part of its faith, the movement educates its members to adhere to its principles and to raise the banner of Allah over their homeland as they fight their Jihad." (Hamas-Charta 1988: Artikel 13)

Es wird deutlich, dass das vordergründige Ziel der Anschläge darin besteht, jede friedliche Lösung und jeden arabisch-israelischen Dialog mit Vorsatz zu zerstören. Die Art und Weise der Attentate gibt Aufschluss darüber, warum die Juden getötet werden sollen. Die Anschläge sind nicht gegen hohe Politiker oder Militärs, sondern unterschiedslos gegen die Zivilbevölkerung gerichtet. Es spielt keine Rolle, ob es sich um religiöse oder säkulare, alte oder junge Opfer handelt. Je mehr Menschen getötet werden, je verheerender der Anschlag ist, desto erfolgreicher ist die Mission. Es handelt sich hierbei um die radikale Umsetzung einer islamfaschistischen Weltanschauung. Aus dieser mythischen Weltanschauung heraus werden die Juden als das absolut Böse dämonisiert, von der die Welt zu befreien sei. (Küntzel 2003: 120; Tabarani 2008: 237ff)

In ihrer Charta legt die Hamas ihre politische Programmatik und ihren Antisemitismus schonungslos offen. Die Charta lässt sich als Gründungsdokument bezeichnen, welche die Befreiung des historischen Palästinas durch den bewaffneten Kampf als Ziel definiert, Verhandlungen als Zeitverschwendung ablehnt, Gesamtpalästina als niemals zu teilendes islamisches Erbe begreift und Israel das Existenzrecht abspricht (Bröning/Meyer 2010: 32).[44] Damit liefern die Hamas und andere islamistische Gruppen einen Vorwand für die israelische Besatzung, da man aus Sicherheitsgründen keinen palästinensischen Staat dulden könne, der die Vernichtung Israels plane (Driesch 2010: 195).

Die kodifizierte Absicht zur Unterbindung jeglicher Friedensprozesse und Dialoge entspricht einem Hauptmerkmal von Feindbildern. Der Feind ist ein Akteur, mit dem jeder Dialog, jede Verhandlung und jede Diskussion über eine gemeinsame Basis abgewehrt wird oder sogar als unmöglich empfunden wird.

---

[44] Einen Wandlungsprozess der Hamas begann mit dem Wahlprogramm von 2005 und eine Fortsetzung der programmatischen Weiterentwicklung erfolgte mit der Koalitionsregierung 2006 (Bröning/Meyer 2010: 32). Hierbei handelt es sich aber um neuere Entwicklungen, die für diese Arbeit nicht weiter von Belang sind.

Es ist deutlich geworden, dass Israel eine zentrale Rolle bei der palästinensischen Identität spielt und sich das Feindbild auf die Juden fokussiert. Die Chartas von Hamas und PLO basieren im Wesentlichen auf Kampf und Widerstand gegen Israel. Die Interdependenz zwischen der israelischen und der palästinensischen Identität spielt eine essentielle Rolle, die im nächsten Abschnitt herausgearbeitet wird.

3.3. Die Interdependenz beider Identitäten

Der israelisch-palästinensische Konflikt ist im Kern ein Konflikt zwischen zwei nationalen Bewegungen, die das gleiche Land beanspruchen (Kelman 1999: 588). „Bis heute basiert der Nationenbegriff über weite Strecken auf einer Negation der anderen Seite" (Pradetto 2001: 109). Negative Stereotype existieren auf beiden Seiten. Die Israelis beziehungsweise die Juden seien unverbesserliche Rassisten, schlicht nicht zum Frieden bereit, die Palästinenser verstünden nur Gewalt und wollten die Juden ins Meer treiben (Perthes 2006: 223; vgl. Bar-On 2006: 193f). Der Konflikt wird von der Dichotomie von Opfer und Täter bestimmt, weil nicht eingesehen wird, dass der Andere möglicherweise auch Opfer sein könnte (Bar-On 2006: 153f). Israelis und Palästinenser ringen deshalb um die Opferrolle, als hätte ein Opfer grundsätzlich immer Recht (Senfft 2010: 5). Da der Täter stets der Andere ist, lässt es sich mit dieser Haltung vermeiden, dass man die Verantwortung für die eigenen Taten, für die eigene Mittäterschaft oder Ignoranz übernehmen muss (Senfft 2010: 5).

Die Identitätsfindung bei Juden und Palästinensern beruht im Wesentlichen auf Abgrenzung voneinander, auf Exklusion und dem Versuch wechselseitiger Verdrängung (Pradetto 2001: 109). Der psychologische Kern liegt in der Wahrnehmung beider Parteien, der Nahostkonflikt sei ein Null-Summen-Spiel, welches nicht nur das Territorium, sondern auch die nationale Identität und nationale Existenz betrifft (Kelman 1999: 588). Jeder nimmt die Existenz des Anderen und den Status des Anderen als Nation, als eine Bedrohung der eigenen Existenz und Nation wahr. Jeder ist der Ansicht, es könne nur eine einzige Nation geben (Kelman 1999: 588).

Die Palästinenser haben Angst, als Minderheit in Israel ihre Identität zu verlieren. Die Juden haben Angst vor der Forderung, den jüdischen Charakter ihres Staates aufzugeben, der einen wesentlichen Bestandteil ihres Gefühls von Sicherheit und

Identität bildet (Bar-On 2006: 201). Die Territorialfrage berührt direkt die fundamentale Frage nach dem Überleben der eigenen Nation. Israelis wie Palästinenser sehen ihre eigene Nation als stark gefährdet. Beide Parteien sehen sich als Opfer in diesem Konflikt, jedoch nicht als Täter. Im Zuge von Friedensverhandlungen bezüglich territorialer Fragen hat sich gezeigt, dass keine Seite überzeugt ist, dass der Andere von seinem Ziel der Vernichtung des Gegners tatsächlich abgerückt sei (Kelman 1999: 589). Hier zeigt sich auf beiden Seiten das Worst-Case-Denken.

Die Null-Summen-Sicht auf die nationale Identität hat einen Status negativer Interdependenz beider Identitäten geschaffen. Die Durchsetzung der eigenen Identität hat die Negation der anderen Identität zur Folge. Die Identitätsbildung einer Gruppe hängt vom Scheitern der anderen Gruppe ab. Diese negative Interdependenz behindert nicht nur die Lösung des Konflikts und die Aussöhnung, sondern lässt die Schwierigkeiten und Kosten für jede Gruppe zur Durchsetzung der eigenen Identität ansteigen. Die israelische und die palästinensische Identität sind daher eng miteinander verknüpft. Während positive Interdependenz Möglichkeiten für Kooperation schafft, legt die negative Interdependenz den Grundstein für langwierige Konflikte. Das Beispiel des israelisch-palästinensischen Konflikts zeigt dies deutlich. (vgl. Kelman 1999: 589)

Delegitimation spielt bei der negativen Interdependenz eine wichtige Rolle. Der Zionismus wird mit einer Form des Rassismus gleichgesetzt, während die palästinensische Nationalbewegung, repräsentiert durch die PLO, als Terrorismus abgetan wird (Kelman 1999: 590). Durch den Ausschluss des Anderen von sämtlichen moralischen und menschlichen Werten grenzt der Delegitimationsprozess an Entmenschlichung. Die Verbindung von Nationalismus und Religion hat auf beiden Seiten dazu geführt, dass eine kleine, aber wichtige Minderheit Affinitäten zum Terrorismus zeigte (Wasserstein 2008: 165). Dies zeigt sich beispielsweise an der islamistischen Hamas auf der einen und den radikalen Siedlern auf der anderen Seite. Dehumanisationsprozesse spiegeln sich in den verübten Gewalttaten wider.

Als Folge dieser negativen Interdependenz wird ein besonders düsteres Feindbild des Anderen gezeichnet. Dieses stärkt die Gruppenkohäsion, die für den Überlebenskampf der Gruppe notwendig ist. Der israelisch-palästinensische Konflikt prägt damit beide Parteien, weil der Konflikt zentraler Bestandteil der eigenen Selbstdefinition geworden ist. Die Beziehung und Interaktion mit dem Anderen wird zum negativen Element der eigenen Identität. Wie sich die Identitäten und Feindbildkonstruktionen auf den Friedensprozess zwischen Israel und den Palästinenser auswirken können, soll im nächsten Schritt das Beispiel der Roadmap aus dem Jahr 2003 verdeutlichen.

4. Die Roadmap 2003

Dieses Kapitel behandelt die Roadmap und schafft die Grundlagen für das darauf folgende Kapitel. Im ersten Teil wird auf die Initiative und das Konzept des Friedensfahrplans eingegangen. Es wird aufgezeigt, wo die Konfliktlinien des Nahostkonflikts verlaufen und wo die Roadmap ansetzt. Im zweiten Teil erfolgt eine Analyse ihres Scheiterns aus den Blickpunkten konzeptioneller Schwächen und spieltheoretischer Sichtweise, um bisherige Hypothesen für das Fehlschlagen des Friedensfahrplans zu nennen. Es wird dadurch die Basis geschaffen, um die Ergebnisse des dritten Kapitels in die Ursachenforschung mit einzubeziehen.

4.1. Initiative und Konzept

Die Konfliktlinien zwischen Israelis und Palästinensern verlaufen auf zwei Ebenen. Auf der einen Seite verläuft sie zwischen dem Staat Israel und den Palästinensern in der Westbank sowie im Gazastreifen und auf der anderen Seite auch innerisraelisch zwischen den jüdischen Israelis und den palästinensisch-arabischen Israelis. Beide Ebenen stehen in enger Wechselwirkung miteinander und verstärken sich gegenseitig. (Kratt 2010: 43)

Im Kern handelt es sich beim Nahostkonflikt um einen Territorialkonflikt, der mit der jüdischen Einwanderung Ende des 19. und zu Beginn des 20. Jahrhunderts begann und sich bis heute in der Besatzung der palästinensischen Gebiete durch Israel und den nach wie vor umkämpften Grenzen und Ressourcen[45] ausdrückt (Kratt 2010: 43; LeVine 2009: 19). Das den Oslo-Abkommen und dem gesamten Friedensprozess zu Grunde liegende Prinzip *Land für Frieden* trifft den Kern des israelisch-palästinensischen Konflikts (Perthes 2006: 201). Es verdeutlicht, sich gerade nicht um einen Religionskonflikt handelt, bei dem es um die richtige Deutung göttlicher Botschaften oder das richtige Bekenntnis geht, sondern um einen mit religiösen Elementen aufgeladenen Konflikt, bei dem das umkämpfte Territorium sakrosankt und zum absoluten Eigentum einer Religionsgemeinschaft erklärt wird (Perthes 2006: 201f). Von Anfang an war dieser Konflikt stark überlagert von unterschiedlichen Aspekten, die die Wahrnehmung von der jeweils anderen Seite prägen, immer wieder

---

[45] Hierbei geht es vor allem um Wasser in der Westbank.

neu anreichern und ihn zu einem *Identitätskonflikt* ausweiten (Kratt 2010: 43). Zu diesen Aspekten gehören Religion (Jüdisch gegen muslimisch), Nationalismus (Jüdisch-israelisch gegen palästinensisch), Kolonialismus (Der Westen gegen die Einheimischen; Moderne gegen Rückständigkeit) sowie wirtschaftliche und soziale Ungleichheiten (Jüdische Einwanderer aus Industrieländern gegen eher agrargeprägte Palästinenser) (Kratt 2010: 43). Außerdem kommen die vielen Verletzungen und Traumata hinzu, die sich beide Seiten im Laufe des Konflikts zufügten. Nichtsdestotrotz sind dies letztendlich alles Aspekte eines ursprünglich territorialen Konflikts und des palästinensischen Wunsches, Besetzung und Fremdherrschaft loszuwerden (Perthes 2006: 202).

Auch drei Jahre nach dem Ausbruch der Al-Aksa-Intifada im September 2000 kam es zu keinem Fortschritt in der friedlichen Konfliktlösung zwischen Israelis und Palästinensern. Die Fronten waren verhärtet. Die Palästinenser hielten am bewaffneten Kampf fest und die Israelis behielten die seit 2002 deutlich verschärfte Besatzungspolitik bei (Beck 2003: 115). Auf dem Höhepunkt der Gewalteskalation bildeten die USA, die EU, die UN und Russland im April 2002 das Nahost-Quartett, um ihre Friedensbemühungen abzustimmen (Tabarani 2008: 245). Sie arbeiteten einen Stufenplan aus, der den Konfliktparteien den Weg zum Frieden weisen sollte. Der Friedensfahrplan wurde bereits 2002 fertiggestellt, jedoch von den USA wegen der Prioritätensetzung zugunsten des Irakkrieges bis zu dessen Beendigung verschoben (Beck 2003: 115). Die *Roadmap* wurde dann am 30. April 2003 von den USA offiziell vorgestellt. Es handelte sich hierbei um eine Absichtserklärung, die weder die Autoren noch die Adressaten rechtlich bindet (Johannsen 2009: 142). Ihre Bedeutung gründet sich daher im politischen Gewicht des Quartetts und ihrer Absicht, sich auch notgedrungen gegen den Willen der Konfliktparteien einzubringen. Im Gegensatz zu den Osloer Verträgen hat die Roadmap das erklärte Ziel einer Zwei-Staaten-Lösung[46].

Die Roadmap gliedert sich in drei Phasen. In jeder Phase werden den Konfliktparteien konkrete Ziele gesetzt, die es zu erfüllen gilt. Dies soll den Weg zum Frieden ebnen. Im Mittelpunkt stehen die palästinensischen Reformen und das Statebuilding sowie die Bekämpfung des Terrorismus. Das Nahost-Quartett übernimmt eine Monitoring-Rolle und prüft im Konsensverfahren, ob die erzielten Fortschritte aus-

---

[46] „A two-state solution to the Israeli-Palestinian conflict […] and though Israel's readiness to do what is necessary for a democratic Palestinian state to be established" (Roadmap 2003).

reichen, in die nächste Phase überzugehen. (Roadmap 2003; vgl. Johannsen 2009: 142)

In der *ersten Phase* soll binnen eines Monats ein Ende des Terrors und der Gewalt erreicht werden. Beide Konfliktparteien sollen ein Bekenntnis zur Zwei-Staaten-Lösung ablegen. Der palästinensische Staatsaufbau und die politischen Reformen sollen eingeleitet werden, so dass die Palästinensische Autonomiebehörde und der Sicherheitsapparat in der Lage sind, die Terroristen zu entwaffnen und die Sicherheit wiederherzustellen. Ein Verfassungsentwurf soll die Gewaltenteilung berücksichtigen und demokratische Strukturen schaffen. Die israelischen Truppen sollen sich aus den seit September 2000 besetzten Gebieten zurückziehen. Des Weiteren kommt Israel die Aufgabe zu, die seit 2001 errichteten Siedlungen zu räumen, jegliche Siedlungsaktivitäten einzustellen und in den besetzten Gebieten die Lebensbedingungen der Palästinenser zu normalisieren. Dies soll das gegenseitige Vertrauen stützen. Die Phase endet mit allgemeinen und freien Wahlen der Palästinenser. (Roadmap 2003: Phase I)

Die *zweite Phase* war auf die Etablierung eines „independent Palestinan state with provisional borders and attributes of souvereignty" bis Dezember 2003 ausgerichtet (Roadmap 2003: Phase II). Das Quartett strebte die internationale Anerkennung und eine potenziellen UN-Mitgliedschaft des provisorischen palästinensischen Staates an. Die palästinensische Wirtschaft sollte durch das Wiederherstellen der Beziehungen vor der Al-Aksa-Intifada wiederbelebt werden. Um eine größtmögliche territoriale Geschlossenheit des provisorischen Staates zu ermöglichen, wurde von Israel „further action on settlements" gefordert (Roadmap 2003: Phase II). Damit dürften weitere Räumungen von Siedlungen gemeint sein.

Die Ziele der *dritten Phase* sind es, die Konsolidierung der Reformen und die Stabilisierung der palästinensischen Institutionen sowie die Leistungsfähigkeit der palästinensischen Sicherheitsorgane herzustellen. Dies dient der Vorbereitung zur Gründung eines palästinensischen Staates in seiner endgültigen Gestalt. Bilaterale Verhandlungen sollten alle offenen Fragen klären. Diese betreffen insbesondere den Grenzverlauf, die Flüchtlinge, Jerusalem, die Sicherheit und die israelischen Siedlungen. Diese Endstatusverhandlungen sollten in einem Abkommen münden, welches dann die Besetzung beendet. Damit sollte bis Ende 2005 der israelisch-palästinensische Konflikt beigelegt werden. „Arab state acceptance of full normal relations with Israel and security for all the states of the region in the context of a comprehensive Arab-Israeli peace" hätte damit den Nahostkonflikt binnen zwei Jahren vollständig gelöst (Roadmap 2003: Phase III).

Der Friedensfahrplan ist nach dem Scheitern des Friedensprozesses von Madrid und Oslo das einzige diplomatische Instrument zur Beendigung des Konflikts, welches von beiden Konfliktparteien zumindest verbal akzeptiert und von allen relevanten internationalen Akteuren getragen wurde. Die Roadmap stellt jedoch nur den kleinsten gemeinsamen Nenner aller Beteiligten dar, um überhaupt einen Konsens erzielen zu können. Deshalb gab es für die einzelnen Phasen und den Endstatusverhandlungen keinen verbindlichen Zeitplan. Die Zielvorgaben für die Streitfragen wurden nicht klar festgelegt. Das Quartett war nicht bereit, gegen Zuwiderhandlungen entschlossen vorzugehen. (Johannsen 2009: 134f; Roadmap 2003)

Daraus resultieren konzeptionelle Defizite der Roadmap, die Störmanöver geradezu herausfordern. Diese Konstruktionsschwächen stellen neben einem spieltheoretischen Ansatz eine weitere Hypothese für das Scheitern des Friedensfahrplans dar. Diese beiden Erklärungsansätze werden im nächsten Abschnitt näher erörtert. Hauptsächlich wird sich dabei auf Beck (2003) und Bernstein (2006) bezogen.

4.2. Bisherige Hypothesen für ihr Scheitern

„… an imposed solution is an illusion." (Dennis M. Ross, 2002)

Im Folgenden soll kurz dargelegt werden, welche Erklärungsmöglichkeiten es für den Fehlschlag der Roadmap gibt. Im Wesentlichen wird sich hierbei auf Bernstein und Beck bezogen. Ihre Hypothesen werden dann im nächsten Kapitel durch die Variablen von Identität und Feindbild ergänzt.

Die Roadmap wurde mit den Erwartungen verbunden, dass Interimsvereinbarungen zwischen Israel und den Palästinensern Vertrauen schaffen würden, statt die diplomatische Energie in die Vorlage eines Endstatusabkommens zu investieren, welches Schritt für Schritt zu erfüllen wäre. Menachem Klein, einer der Hauptakteure der Genfer Initiative, warnte davor, ein solches Konzept zu favorisieren. Es habe sich als grundlegender Fehler der Osloer Vereinbarungen erwiesen, bei dem die Evakuierung jeder einzelnen jüdischen Siedlung als Schritt zum Frieden angesehen wurde. Die *Roadmap* drohe zu einer *Street Map* zu werden, bei der das Ziel offen bleibt, statt schrittweise einen ausgehandelten Schlussvertrag zu erfüllen. (Bernstein 2006: 38)

Eine weitere konzeptionelle Schwäche stellt die Monitoring-Funktion dar. Die Feststellung des Quartetts, dass die Parteien ihren Verpflichtungen nicht nachkommen, bedeutet Stillstand auf dem Weg zu einer abschließenden Regelung. Es wird derjenige belohnt, der keinen Fortschritt wünscht. Der Verzicht auf einen Sanktionsmechanismus gründete in der Annahme, beide Parteien seien Willens und in der Lage, sich gegen innenpolitische Gegner durchsetzen zu können. Das Quartett lag falsch. Die Palästinensische Führung sah sich außer Stande, die Milizen und Terroristen zu entwaffnen und Israel unternahm nichts gegen den Siedlungsausbau. Bereits in der ersten Phase scheiterte der Friedensfahrplan. (vgl. Johannsen 2009: 144)

Überdies war die Roadmap ein regionsfremder Interventionsversuch. Arabische Staaten wurden in der Ausarbeitung nicht mit einbezogen. Die Palästinenser wurden von Anfang an verpflichtet, sich auf den Friedensprozess einzulassen, ohne tatsächlich zu wissen, ob am Ende ein eigener, unabhängiger Staat entstehen würde. Gleichzeitig werden die Ursachen und Wirkungen der politischen Lage nicht klar benannt. (Bernstein 2006: 38) In der Präambel der Roadmap heißt es:

> „A two-state solution to the Israeli-Palestinian conflict will only be achieved through an end to violence and terrorism, when the Palestinian people have a leadership acting decisively against terror and willing and able to build a practicing democracy based on tolerance and liberty, and through Israel's readiness to do what is necessary for a democratic Palestinian state to be established, and a clear, unambiguous acceptance by both parties of the goal of a negotiated settlement as described below." (Roadmap 2003)

Die Forderungen des Quartetts an die Palästinenser in der Folgezeit standen im Vordergrund, während die an Israel gerichteten Verpflichtungen kaum unverbindlicher hätten formuliert werden können (Bernstein 2006: 38).

Der Anspruch der Roadmap war, einen realistischen Zeitplan für die Umsetzung zu etablieren (Roadmap 2003). Dieser Zeitplan stellte sich jedoch als grundlegende Fehlkalkulation heraus. Arafat wurde bei der Ausarbeitung übergangen und Sharon begnügte sich mit Lippenbekenntnissen, während sich Arafats Nachfolger Abbas zunächst innenpolitisch festigen musste (Bernstein 2006: 39). Dieser wurde von Israel unterstützt, obwohl man wusste, dass er schwach und wenig durchsetzungsstark war (Cook 2008: 129). Dies liegt jedoch im Interesse Israels, da man so die Besatzung einfacher aufrechterhalten kann und es weniger Widerstand bei der Siedlungspolitik gibt. Da die Siedlungsaktivitäten in der Westbank fortgesetzt und Abbas von den israelischen Räumungsplänen des Gazastreifens ausgeschlossen wurde, favorisierte dieser nun ein Vorziehen der Endstatusverhandlungen, statt sich an den Phasenplan zu halten (Reynolds 2003).

„Israelis and Palestinians resume security cooperation based on the Tenet work plan [...] Israel also freezes all settlement activity consistent with the Mitchell report" (Roadmap 2003: Phase I). Die Sicherheitskooperation der Palästinenser erwartete daher politische Gegenleitungen Israels. Allerdings liefen auch die Tenet- und Mitchell-Pläne 2001 ins Leere, weil sie Israel schon vor der Etablierung eines palästinensischen Staates politische Verzichtsleistungen abverlangten (vgl. LeVine 2009: 70).

Israel wird in der Roadmap aufgefordert, die *Siedlungsaußenposten*, welche seit März 2001 errichtet wurden, sofort zu räumen (Roadmap 2003: Phase I). Dies legt die Vermutung nahe, dass die *Siedlungen* selbst nicht als Hindernis für den Frieden angesehen werden. Sharon legte fest, dass die Siedlungen denselben öffentlichen Anspruch auf Anerkennung erheben könnten wie die übrigen israelischen Gemeinden. In der Westbank lebende Israelis beschweren sich dennoch darüber, sie würden von ihren eigenen Landsleuten als *Mitnachalim* (Siedler) und nicht als *Mityashwim* (Bewohner) betrachtet werden. Überdies fühlten sich andere als Gefangene im eigenen Land. Spricht man außerdem vom *israelischen Kernland*, impliziert dies im Gegenzug, dass den Siedlungen eine Legitimität als israelische Enklaven zugesprochen wird. Dies macht deutlich, dass Frieden nur auf Grundlage dieser Realitäten zu erreichen ist. (Bernstein 2006: 39f)

Die unverbindlichen Formulierungen des Fahrplans hinderten die israelische Regierung nicht daran, am 25. Mai 2003 vierzehn Modifikationen vorzulegen:

> 1. [...] The Palestinians will dismantle the existing security organizations and implement security reforms during the course of which new organizations will be formed and act to combat terror, violence and incitement (incitement must cease immediately and the Palestinian Authority must educate for peace). [...]
> 2. [...] Attention will be paid not to time lines, but to performance benchmarks (time lines will serve only as reference points).
> 3. The emergence of a new and different leadership in the Palestinian Authority within the framework of governmental reform. The formation of a new leadership constitutes a

condition for progress to the second phase of the plan. In this framework, elections will be conducted for the Palestinian Legislative Council following coordination with Israel.
4. The Monitoring mechanism will be under American management. […]
5. The character of the provisional Palestinian state will be determined through negotiations between the Palestinian Authority and Israel. […]
6. In connection to both the introductory statements and the final settlement, declared references must be made to Israel's right to exist as a Jewish state and to the waiver of any right of return for Palestinian refugees to the State of Israel.
7. End of the process will lead to the end of all claims and not only the end of the conflict.
8. The future settlement will be reached through agreement and direct negotiations between the two parties, in accordance with the vision outlined by President Bush in his 24 June address.
9. There will be no involvement with issues pertaining to the final settlement. Among issues not to be discussed: settlement in Judea, Samaria and Gaza (excluding a settlement freeze and illegal outposts); the status of the Palestinian Authority and its institutions in Jerusalem; and all other matters whose substance relates to the final settlement.
10. […]. The only possible reference should be to Resolutions 242 and 338, and then only as an outline for the conduct of future negotiations on a permanent settlement.
11. Promotion of the reform process in the Palestinian Authority: a transitional Palestinian constitution will be composed, a Palestinian legal infrastructure will be constructed and cooperation with Israel in this field will be renewed. In the economic sphere: international efforts to rehabilitate the Palestinian economy will continue. In the financial sphere: the American-Israeli-Palestinian agreement will be implemented in full as a condition for the continued transfer of tax revenues.
12. The deployment of IDF forces along the September 2000 lines will be subject to the stipulation of Article 4 (absolute quiet) and will be carried out in keeping with changes to be required by the nature of the new circumstances and needs created thereby. […]
13. Subject to security conditions, Israel will work to restore Palestinian life to normal […].
14. Arab states will assist the process through the condemnation of terrorist activity […]
(Haaretz 2003)

Die Modifikationen heben deutlich hervor, dass sich Israel mehr Mitspracherecht einfordert. Die Gleichzeitigkeit bei der Aufgabenerfüllung soll aufgehoben werden. Zunächst sollen die Palästinenser durch eine verbesserte Sicherheitslage in Vorleistung gehen. Zudem sei nicht der Zeitplan entscheidend, sondern das Erfüllen der Phasen durch die Palästinenser. Dadurch wird ihnen eine Vetomöglichkeit gegeben, den Fahrplan scheitern zu lassen. Israel könnte die Verantwortung auf die Autonomiebehörde schieben. Die Kontrolle bei der Umsetzung der Roadmap soll allein bei den USA liegen, welches angesichts der engen und hervorgehobenen Beziehungen beider Staaten zu einer erhofften Bevorzugung Israels und einer Benachteiligung der palästinensischen Seite führen würde. Die von der israelischen Regierung geforderten Modifikationen der Roadmap sind ein Interventionsversuch, der die Gefahr des Scheiterns erhöht, Israel bevorzugt und die Verantwortung in die Hände der Palästinenser legt. Sharons Berater Dov Weissglas kündigte schließlich die Roadmap im Oktober 2004 auf (Bernstein 2006: 42).

Eine weitere Erklärungsmöglichkeit für das Scheitern der Roadmap liegt bei den konflikttheoretischen Überlegungen von Martin Beck. Er wählt einen spieltheoretischen Ansatz. Gegenstand der Spieltheorie ist die Analyse von strategischen Entscheidungssituationen, dessen charakteristische Eigenschaften Interessenskonflikte und Kooperationsprobleme darstellen (Holler/Illing 2006: 1). Sie können als Spielsituationen beschrieben werden, bei denen die Spieler nach gewissen Regeln strategische Entscheidungen treffen.

Nach Beck (2003: 166) gibt es vier zentrale Probleme, die eine kooperative Regelung des israelisch-palästinensischen Konflikts erschweren. *Erstens* sind zwischen den Konfliktparteien mehrere teilbare Konfliktgegenstände strittig. Auch wenn sich Israel mit der Akzeptanz der Roadmap grundsätzlich bereit erklärt, einen palästinensischen Staat anzuerkennen, gibt es essentielle Positionsdifferenzen zwischen Israel und der PLO, in welchen Grenzen dieser Staat verlaufen soll, wie viele und welche Siedlungen geräumt werden sollen, welchen Status Jerusalem bekäme[47] und ob die palästinensischen Flüchtlinge ein Rückkehrrecht erhalten und wenn ja, in welcher Form[48]. *Zweitens* sehen sich die israelische Regierung und die PLO einem *Two-Level-Game* ausgesetzt, da ihr Verhalten nicht nur durch die Positionsdifferenz mit dem Gegner bestimmt wird, sondern auch durch die realen und antizipierten Verhaltensweisen der eigenen Gesellschaft sowie jener des Konfliktopponenten (Putnam 1988: 427ff).

Der Konflikt zwischen Israel und der PLO lässt sich als Gefangenendilemma konstruieren. Dies beschreibt eine Spielsituation bei der individuell rationales, von Eigeninteresse geleitetes Verhalten zu einem Ergebnis führt, das für die Beteiligten insofern nicht optimal ist, als sich beide bei kooperativem Verhalten besser stellen konnten (Holler/Illing 2006: 6). Beide fürchten, vom anderen betrogen zu werden, weshalb sie ein Vertrauensproblem überwinden müssen. Im Fall der Roadmap ist hierfür die Verifikation des Verhaltens und die Sanktionierung von Verstößen von zentraler Bedeutung, denn auch nachdem sich beide Parteien zur Kooperation entschlossen haben, gibt es Anreize, sich auf Kosten des anderen Vorteile zu verschaffen, gepaart mit dem Misstrauen, der andere könnte dies ebenso ungestraft tun. Darüber hinaus ist es von Bedeutung, welchen Gewinn man selbst aus der Kooperation zieht, es wird aber auch beachtet, welche Gewinne der jeweils andere erzielt. Da vie-

---

[47] Respektive geht es um Ostjerusalem und ob, beziehungsweise welche Teile, palästinensische Hauptstadt werden sollen.
[48] Rückkehr nach Israel, Palästina, Kompensation, etc.

le Konfliktgegenstände zwischen Israel und der PLO teilbar sind, handelt es sich um ein *graduiertes* Gefangenendilemma[49] mit einer Vielzahl von möglichen Kooperationsergebnissen (vgl. Snidal 1985: 923ff). Im Rahmen eines Abkommens zwischen beiden Konfliktparteien könnten beispielsweise fast alle oder fast keine Siedlungen geräumt werden. Die Auswahl und Anzahl der zu räumenden Siedlungen sowie mögliche Kompensationen am die palästinensische Seite ermöglichen zahlreiche Regelungsmöglichkeiten. Diese Regelungen privilegieren die Akteure aber offensichtlich in unterschiedlicher Weise[50], so dass sich das *Problem der diskriminierenden Auswahl* für die israelisch-palästinensische Kooperation ergibt (Beck 2003: 116f). Dies stellt das *dritte* Kooperationsproblem dar.

Das *vierte* Kooperationsproblem ergibt sich beim Two-Level-Game. Auch wenn der Friedensprozess von beiden Gesellschaften unterstützt wird, stehen der israelische Regierung und der Autonomiebehörde gut organisierten gesellschaftlichen Vetogruppen gegenüber. In Israel tritt insbesondere die Siedlerbewegung in Erscheinung, die zwar widerwillig das Osloer Vertragswerk anerkannte, jedoch nach wie vor bei zentralen Punkten der Siedlungs- und Jerusalemfrage starken Widerstand leistet. In Palästina sah sich die palästinensische Führung mit islamistischen Gruppierungen wie der Hamas und dem Islamischen Jihad konfrontiert, die von Beginn an gegen das von der PLO ausgehandelte Vertragswerk opponierten und seit Mitte der 1990er Jahre systematisch Selbstmordattentate gegen die israelische Zivilbevölkerung verübten, um den Friedensprozess zu torpedieren (vgl. Küntzel 2003: 120). Weder die Autonomiebehörde noch Israel gingen gegen die gesellschaftlichen Vetospieler vor. Israel ließ die Siedler gewähren, die Siedlungen weiterbestehen und erweiterte im Zuge Räumung des Gazastreifens sogar noch die Siedlungsprojekte in der Westbank (Caplan 2003: 46; McGreal 2005). Die Autonomiebehörde verhinderte nachhaltig eine Demokratisierung des politischen Systems. Die islamistische Opposition nutzte den Terror, um israelische Reaktionen zu provozieren. Über diesen Umweg sollte gegen die Autonomiebehörde und den von ihr oktroyierten Friedensprozess vorgegangen werden. Seit der Al-Aksa-Intifada sind beide Gesellschaften in ihrer Kriegs-

---

[49] Das klassische Gefangenendilemma weist nur ein einziges kooperatives Ergebnis auf.
[50] Israel verfügt über deutlich mehr Macht als die Palästinenser. Die machtpolitische Überlegenheit verhilft Israel, Tatsachen zu schaffen und seine Position durchzusetzen. Ein vollständiger Rückzug auf die Grenzen von 1967 ist nicht erfolgt. Ostjerusalem ist nicht vollständig den Palästinensern überantwortet worden. Ein Rückkehrrecht der palästinensischen Flüchtlinge wird weiterhin nicht zuerkannt.

logik gefangen, die Gewalt und Härte gegen die andere Seite als gerechtfertigt und teilweise als alternativlos betrachtete (Beck 2003: 118).

Zusammengefasst hat Beck (2003: 118) vier Probleme identifiziert: das Vertrauensproblem, das Problem der Orientierung an relativen Gewinnen, die diskriminierende Auswahl und das Problem des gesellschaftlichen Vetos. Die Roadmap liegt inhaltlich und prozedural auf der Lösung des Vertrauensproblems und setzt dabei die Schwerpunkte auf den Gewaltverzicht, umfassende politische Reformen in Palästina mit dem Ziel der Demokratisierung, die Normalisierung des palästinensischen Lebens durch Israel sowie den israelischen Siedlungsstopp. Unter den Besatzungsbedingungen ist es jedoch nahezu unmöglich, das Leben zu normalisieren und die Demokratisierung voranzutreiben. Die eingeschränkten Kompetenzen der Autonomiebehörde begrenzen den Demokratisierungsgrad enorm. Des Weiteren ist das Monitoring-System nicht ausreichend, um das Vertrauensproblem zu lösen. Alle Entscheidungen des Quartetts müssen im Konsens getroffen werden. Dies eröffnet den Konfliktparteien Spielraum, die unterschiedlichen Perspektiven der Mitglieder auszunutzen, um Vorteile zu erzielen. Insbesondere Israel wird auf seine privilegierte Beziehung zu den USA zurückgreifen (vgl. Alterman 2003: 4; vgl. Cook 2008: 94ff). Das fehlende Sanktionierungssystem setzt falsche Anreize. Der Akteur, welcher zu Konzessionen bereit ist, wird bestraft, weil die Roadmap hohe Anreize für defensives Verhalten setzt.

Das Ziel der Roadmap, einen palästinensischen Staat auf Basis der Resolutionen 242, 338 und 1397 zu gründen, ist unterspezifiziert (vgl. Roadmap 2003: Phase III). Dies begünstigt die Orientierung beider Konfliktparteien an relativen Gewinnen. Dieser Zusammenhang wird am Beispiel des Rückkehrrechts deutlich. Israel hatte den USA nach Veröffentlichung der Roadmap eine Liste mit Vorbehalten vorgelegt. Die offizielle Stellungnahme Israels beinhaltet die strikte Ablehnung, über ein Rückkehrrecht zu verhandeln. Im Gegenzug hat die palästinensische Seite verdeutlicht, dass ohne ein Rückkehrrecht für alle Flüchtlinge sowie deren Nachfahren kein Frieden mit Israel möglich sei. (Beck 2003: 119)

Die Roadmap setzt auf die positive Dynamik des Friedensprozesses (vgl. Bernstein 2006: 38). Deshalb beschränkt sich der Fahrplan hauptsächlich auf das Ziel, einen palästinensischen Staat zu errichten. Grenzen und Souveränitätsrechte sind nicht näher spezifiziert. Die unterschiedlichen, kaum miteinander zu vereinbarenden inhaltlichen Vorstellungen werden dadurch weiter verschärft. Israel lehnt das Prinzip, die Grenzen von 1967 anzuerkennen, strikt ab. Die Palästinenser bestehen auf dieser Forderung als Prinzip der Gerechtigkeit. Die Machtposition Israels ermöglicht es, Fakten zu schaffen und auf Zeit zu spielen. So wird beispielsweise der Sicherheitszaun errichtet, welcher beide Gesellschaften trennen soll, jedoch auf palästinensischem Gebiet verläuft und damit einer Annektierung von Teilen der Westbank gleichkommt. Hier zeigt sich das Problem der diskriminierenden Auswahl. (Beck 2003: 119)

Auch wenn die Roadmap gegen das Problem des gesellschaftlichen Vetos angeht, sind die Maßnahmen zu einseitig und unzureichend. Sie sind deshalb ungenügend, weil sie im Kern auf den gegenseitigen Abbau allgemeiner gesellschaftlicher Vorurteile beschränkt bleiben. Beide Parteien sind verpflichtet, die Aufwiegelungen gegen den jeweils anderen einzustellen und Programme im Bereich der Bürgerkontakte, die Entwicklung des Privatsektors und die zivilgesellschaftliche Initiative stärker zu fördern (Roadmap 2003: Phase I). Probleme gibt es allerdings bei der Evaluierung. Die Wahrnehmungen im Alltag wurden durch die israelisch-palästinensischen Treffen kaum verändert. Insbesondere auf palästinensischer Seite gibt es starke Vorbehalte, an Seminaren, Sport- oder Kulturveranstaltungen teilzunehmen, die Normalität unter den Bedingungen der Besatzung suggerieren würden. Der Fahrplan fordert nur die Bekämpfung des Terrorismus. Den israelischen Siedlern wird nur die Akzeptanz des Status quo abverlangt. (Beck 2003: 119f)

Im Ergebnis bleibt festzuhalten, dass die Roadmap trotz ihrer Fehler von beiden Konfliktparteien zwar akzeptiert, aber nicht begrüßt wurde. Dies schafft dennoch Anknüpfungspunkte für zukünftige Friedensverhandlungen. Das politische Gewicht des Quartetts und vor allem der USA trug dazu bei, dass der Fahrplan nicht ignoriert werden konnte (vgl. Johannsen 2009: 142). Israel und den Palästinensern war letztendlich mehr daran gelegen, möglichst wenig Schuld für ein Scheitern zu tragen, als den Friedensprozess neu zu beleben.

In diesem Kapitel wurden zwei Erklärungsansätze geschildert, warum die Roadmap gescheitert ist. Bernsteins Hypothese fußt im Wesentlichen auf den konzeptionellen Defiziten. Beck bezieht sich auf vier zentrale Kooperationsprobleme, die in Verbindung mit den konzeptionellen Schwächen den Fahrplan scheitern ließen. Die Argumentation beider Autoren ist einleuchtend. Das Vertrauensproblem lässt sich in beiden Argumentationen als inhärent identifizieren. Ebenso wird den Konfliktfeldern der israelischen Siedlungen und des Rückkehrrechts eine zentrale Bedeutung beigemessen. Unklar bleibt jedoch, warum es dieses starke Misstrauen gibt, warum die Siedlungen so bedeutsam sind oder warum die Flüchtlingsfrage so divergent ist. Die Identitäts- und Feindbildkonstruktionen beider Konfliktparteien bieten für diese Erkenntnislücke eine Erklärungsmöglichkeit. Im nächsten Kapitel wird dies an fünf Einzelaspekten der Roadmap aufgezeigt.

5. Einzelaspekte der Roadmap im Konflikt mit Identitäts- und Feindbildkonstruktionen

Das israelisch-palästinensische Verhältnis ist im Allgemeinen von tiefem Misstrauen, Ängsten, Feindbildern, nicht vereinbaren Narrativen und Perspektiven sowie tiefer Missachtung geprägt (Senfft 2010: 4). Beide Konfliktgesellschaften besitzen kollektive Glaubenssätze, die sie zur Festigung, Formierung und Aufrechterhaltung ihrer Identität entwickelt haben. Diese Geschichten, die Vorurteile und verzerrte Fakten enthalten, beeinflussen maßgeblich die Haltungen, Wahrnehmungen und Verhaltensweisen der Akteure. Dies gilt auch für den Friedensprozess und die zentralen Fragen des Nahostkonflikts.

„Four thorny problems still divide Israelis and Palestinians: borders, settlements, refugees and Jerusalem" (Wasserstein 2008: 140). Eine Einigung konnte bei diesen vier Kernproblemen des Nahostkonflikts bislang nicht erzielt werden. Diese Fragen finden auch in der Roadmap Berücksichtigung. Allerdings werden klare Regelungen vermieden. Insbesondere die Flüchtlingsfrage und der Status Jerusalems sollen erst in den Endstatusverhandlungen geklärt werden. Des Weiteren ist die Grenzziehung zwischen Israel und dem zu gründenden palästinensischen Staat, die ebenfalls erst in einem Endstatusabkommen endgültig festgelegt werden soll, von provisorischer Natur. Insbesondere in der ersten Phase des Fahrplans haben die Sicherheit und die Siedlungen eine große Bedeutung. Auch wenn alle Punkte miteinander verknüpft werden, sind dies die Einzelaspekte, die im Folgenden unter dem Fokus von Identitäts- und Feindbildkonstruktionen untersucht werden sollen. Kurz gesagt handelt es sich um Sicherheit, Siedlungen, Grenzen, Flüchtlinge und Jerusalem.

5.1. Sicherheit

In der Roadmap wird fordert, dass Gewalt auf beiden Seiten unverzüglich einzustellen ist. Die palästinensische Führung soll das Existenzrecht Israels anerkennen und sofort einen bedingungslosen Waffenstillstand ausrufen. Die Hetze gegen Israel ist zu beenden. Die Autonomiebehörde hat die Aufgabe, den Terrorismus zu bekämpfen und die militanten Palästinenser zu entwaffnen. Israel soll sich zur Zwei-Staaten-Lösung mit einem unabhängigen, lebensfähigen palästinensischen Staat bekennen und sofort die Gewalt gegen sämtliche Palästinenser einstellen. Auch sie sollen die Hetze gegen die andere Seite einstellen. (Roadmap 2003: Phase I)

Die Erfahrungen aus dem Holocaust waren prägend für das Sicherheitsbedürfnis Israels. Das Trauma und das Gefühl der Verwundbarkeit sind in der israelischen Identität eingebrannt, obwohl das Land die militärische Supermacht in der Region ist. Zum Schutz seiner Bürger reagiert Israel oft außerordentlich hart auf palästinensische Gewaltakte. Die Feindbildkonstruktionen verstärken diesen Prozess und fördern das Misstrauen gegenüber den Palästinensern. Deswegen müsse Israel stets wachsam und verteidigungsbereit sein. Aus dieser Logik heraus erklärt sich auch, warum Israel in ihren vierzehn Modifikationen zur Roadmap verlangen, dass die Palästinenser in Vorleistung gehen sollen. Sie haben die Gewalt und den Terror zuerst zu beenden, unter Überwachung Israels, bevor Israel seinerseits die militärischen Operationen einstellt. Gush Shalom (2003) kritisierte Sharon, weil die Roadmap fordert, dass Israel seine Verpflichtungen sofort erfüllt, gleichzeitig und unabhängig von den Schritten, die von den Palästinensern unternommen werden. Hier zeigt sich der Konflikt von Falken und Tauben in der israelischen Gesellschaft. In der rechtsorientierten Regierung Sharons ist die Belagerungsmentalität besonders ausgeprägt, da sie eine stark sicherheitsorientierte Politik verfolgt. Dies erweist sich als gravierendes Hindernis für die Sicherheitskooperation in der ersten Phase der Roadmap.

Angesichts der israelischen Vorbehalte impliziert die geforderte Vorleistung der Palästinenser einen Schritt ins Ungewisse. Wenn Israel nicht breit ist, gleichzeitig die Aufgaben der Roadmap zu erfüllen, wird es dann im Anschluss tatsächlich die notwendigen Schritte durchführen? Das Feindbild des weltverschwörerischen Juden, der für seine Sache über Leichen geht, lässt auf wenig Vertrauen schließen. Ein aggressiver, faschistischer, expansionistischer und kolonialistischer Feind wird eher die Gunst der Stunde nutzen, antatt sich an Vereinbarungen zu halten. Die Hamas weist diplomatische Verhandlungen ohnehin als Zeitverschwendung zurück. Geschichten von Heldentaten und Jihad finden bei den Palästinensern großen Anklang. In Verbindung mit der Wut und den Rachegefühlen über die Demütigungen und das Leid hat dies eine motivierende und legitimierende Wirkung für die Gewaltanwendung gegenüber dem zionistischen Feind. Die Hamas setzte ihre Terrorangriffe unvermindert fort:

> „'The word cease-fire is not in our dictionary,' said Abdel Aziz Rantisi, a hardline Hamas leader. 'Resistance will continue until we uproot them from our homeland.'" (St. Petersburg Times 2003)

Auf beiden Seiten gibt es negative Stereotype, die Worst-Case-Denken produzieren. Keine Seite sei tatsächlich vom Ziel der Vernichtung des Anderen abgerückt. Die Feindbilder erleichtern die Legitimation von Gewalttaten. Dieses tief verankerte Misstrauen auf beiden Seiten stört eine ernsthafte und effektive Arbeit an der Sicherheitskooperation. Ihr Scheitern erklärt sich jedoch nicht alleine durch das Vorhandensein von Feindbildern. Erst in Verbindung mit den konzeptionellen Schwächen der Roadmap entfalten sie ihre destruktive Wirkung. An dieser Stelle wirkt sich das Fehlen eines Sanktionsmechanismus besonders negativ aus.

5.2. Siedlungen

Israel soll mit Beginn der ersten Phase sämtliche Siedlungsaktivitäten einstellen. Alle Siedlungsaußenposten, die seit März 2001 errichtet wurden, sind unverzüglich zu räumen. Darüber hinaus hat die israelische Regierung die Aufgabe, auch das natürliche Wachstum aller Siedlungen einzufrieren (Roadmap 2003: Phase I). Für die territoriale Integrität Israels und des provisorischen palästinensischen Staates sind außerdem weitere Maßnahmen zu den Siedlungen zu treffen (Roadmap 2003: Phase II).

Die israelische Siedlungspolitik stellt eines der größten Problemfelder des israelisch-palästinensischen Konflikts dar. Sie ist das zivile Gegenstück zu kriegerischer Landnahme. Die Religion ist zentraler Bestandteil der israelischen Identität. Dazu gehört auch die Besiedelung Samarias und Judäas, die als Voraussetzung für die Erlösung des jüdischen Volkes angesehen wird. Diese religiöse Aufladung des zionistischen Projekts erhebt die Siedlungen zu einem nicht-verhandelbaren Gut. Die religiösen Motive der Besiedelung stiften darüber hinaus ein hohes Maß an Legitimation für die Landnahme. Dies zeigt sich am starken und vehementen Widerstand der Siedlerlobby gegen Kompromisse jeder Art. Die regierende Likud-Partei hält programmatisch ohnehin an den besetzten Gebieten fest, da sie religiös-geographisch orientiert ist (vgl. Weiter 2012: 27).[51] Die Kohärenz zwischen rechtsextremen, religiös-

---

[51] Die Besiedelung Judäas und Samarias hat den höchsten Stellenwert. Der Sinai und der Gazastreifen haben keine hohe politisch-religiöse Bedeutung, weshalb die Räumung von Siedlungen in diesen Gebieten politisch durchsetzbar war.

fundamentalistischen sowie nationalistischen Auffassungen begünstigt den Einfluss des religiösen Faktors auf die strategischen Entscheidungen Israels. Alle religiösen Parteien lehnen eine Rückführung der Siedler in den Grenzlinien von 1967 ab. Bereits Mitte Mai 2003 wies Sharon einen Siedlungsstopp kategorisch zurück:

> „'Our finest youth live there. They are already the third generation, contributing to the state and serving in elite army units. They return home and get married, so then they can't build a house and have children?'" (Sharon, zitiert nach Reynolds 2003)

In seiner Rede vom 18.12.2003 spricht der damalige israelische Ministerpräsident zudem von „unauthorized outposts", die Israel bereit wäre zu räumen (Sharon 2003b). Allerdings verlangt die Roadmap, dass *alle* seit 2001 errichteten Außenposten aufzugeben sind. Außerdem sollen weitere Siedlungen im Zuge des Fahrplans aufgegeben werden. Es zeigt sich, dass die Siedlungspolitik direkt die israelische Identität berührt. Die Räumung der Siedlungen bedeutet für die Juden, einen Teil des jüdischen Charakters ihres Staates aufzugeben, der einen essentiellen Bestandteil ihres Sicherheitsgefühls und der Identität darstellt. Die Angst vor einer drohenden Identitätskrise verhindert nachhaltig Konzessionen in der Siedlungspolitik.

Für die Palästinenser stellt die Nakba einen Gründungsmythos dar. Sie ist fester Bestandteil der palästinensischen Identität. Die Fixierung auf die Geschichte ist inhärent, die Erinnerung an ein verlorenes Paradies stark. Die Siedlungspolitik und der Zionismus werden mit Kolonisation gleichgesetzt. Dies manifestiert sich auch in den Feindbildern eines jüdischen Imperialisten und Kolonisten. Nichtsdestotrotz hat die palästinensische Führung die Roadmap prinzipiell akzeptiert, sieht jedoch Schwierigkeiten bei der Terrorbekämpfung (Reynolds 2003). Die PLO hat erkannt, dass eine Rückkehr zu den Verhältnissen vor 1967 unrealistisch sei.

> „[Die] Kolonien und ihre Infrastruktur reduzieren die Größe der verbleibenden Fläche sowie die Qualität des Landes und unterminieren ernsthaft die territoriale Einheit des zukünftigen Staates Palästinas. Gemäß der Formel *Land für Frieden*, festgesetzt in den UN-Resolutionen 242 und 338 und zugleich Basis der Friedensverhandlungen, muss sich Israel aus allen seit 1967 besetzten Gebieten zurückziehen". (Diplomatische Mission Palästinas 2012; Hervorhebung DW)

Inhaltlich und programmatisch hat sich der pragmatische Flügel der PLO durchgesetzt, auch wenn sie formal am bewaffneten Widerstand gegen die israelische Besatzung festhält (vgl. Bröning/Meyer 2010: 30). Bei der Hamas sowie ihren Anhängern und Sympathisanten wirken die Feindbildkonstruktionen stärker. Sie erkennen die Existenz Israels nicht an, rufen zum bewaffneten Kampf auf und wollen die Israelis zurück ins Meer treiben. Zu Konzessionen sind sie nicht bereit und fordern für sich das gesamte Gebiet Palästinas für sich ein. Ihre islamfaschistische Weltanschauung und ihr essentialistisches Denken verhindert jeden Dialog, jede Verhandlung und jede Diskussion. Konsens kann es dadurch nicht geben.

Die Verbindung von Religion und Nationalismus auf israelischer und palästinensischer Seite führte dazu, dass Minderheiten wie die Siedlerlobby oder die Hamas zu Faktoren werden, die durch ihre Gewalttaten die Erfüllung der Roadmap behindern und nachhaltig stören. Insbesondere die israelische Identitätskonstruktion mit den Elementen von Religion und Sicherheit determiniert das politische Handeln Israels und verhindert eine Kompromisslösung in der Siedlungsfrage.

5.3. Grenzen

Die zweite Phase sieht die Errichtung eines palästinensischen Staates mit provisorischen Grenzen vor, die in einer Sicherheitskonferenz festgelegt werden sollen. Das Ziel ist eine maximale territoriale Zusammengehörigkeit, die frühere Vereinbarungen umsetzen soll. Im Zusammenhang mit der Errichtung dieses provisorischen Staates mit vorläufigen Grenzen ist es erforderlich, dass weitere Maßnahmen zu den Siedlungen getroffen werden. Eine genauere Bestimmung dieser Maßnahmen wird vermieden. (Roadmap 2003: Phase II)

Der Bau des Sicherheitszauns ist in den Augen der Palästinenser eine „Apartheitsmauer", die die Konfliktparteien seit dem Jahr 2002 trennt (Senfft 2010: 7). In Israel ist man jedoch der Ansicht, dass hohe Mauern gute Nachbarn schaffen würden (McQuillan 2003). Die Folge des Mauerbaus war es jedoch, dass die Ablehnung der Palästinenser gegen die Israelis zugenommen hat, da der Sicherheitszaun ihre Bewegungsfreiheit weiter einschränkt und die palästinensischen Gebiete zunehmend zergliedert. Bei Fertigstellung wird Israel sein Territorium um etwa ein Zehntel der Westbank erweitert haben (Johannsen 2009: 65). Ängste und Rassismen steigern sich, je weniger man den Anderen kennt und deswegen propagandistische Zerrbilder nicht als solche entlarven kann (Senfft 2010: 7). Gush Shalom (2003) klagt an, dass die israelischen Enklaven, die für die Palästinenser verbotenen Verbindungsstraßen und der Bau des Sicherheitszauns de facto einer Annektierung von Gebieten der

Westbank gleichkommen. Der Internationale Gerichtshof hat in seinem Gutachten von 2004 die israelischen Bautätigkeiten und Siedlungsmaßnahmen jenseits der Waffenstillstandslinie von 1948 für illegal erklärt.[52] Der Widerstand Israels gegen territoriale Kompromisse, insbesondere seitens der Siedlerlobby, berührt direkt das Problem der Grenzziehung. Verneint man den palästinensischen Charakter und bezeichnet sie als Araber, die sich nur vorübergehend dort niedergelassen haben, weil die Juden im erzwungenen Exil lebten, wird impliziert, dass die Palästinenser keinerlei Anspruch auf Territorium hätten und sie sich eigentlich illegal dort aufhielten. Deshalb brauche man auch keine Kompromisse eingehen und könne die eigenen Konditionen diktieren. Hier zeigt sich die Überlegenheitsattitüde der Israelis. Die Uneinigkeit in der Frage der Grenzziehung steht in direkter Korrelation mit den Siedlungen. Die Durchsetzung der religiösen Identitätskomponente hat zur Folge, dass man die palästinensischen Forderungen nicht erfüllen kann. Ein palästinensischer Staat, der die Besiedelung der Westbank verhindert, bedroht die Identität und Existenz Israels.

Seit 1988 setzte sich die PLO das Ziel, den palästinensischen Staat auf 22 Prozent der Fläche Palästinas zu errichten, die aus der Westbank, dem Gaza-Streifen und Ost-Jerusalem besteht (Diplomatische Mission Palästinas 2012).[53] Im UN-Teilungsplan waren ursprünglich 43 Prozent für den palästinensischen Staat vorgesehen (vgl. Tessler 2009: 259ff). Des Weiteren ist die PLO bereit, in Verhandlungen einen gleichwertigen Austausch von Territorium zu akzeptieren. In Camp David 2000 beharrte die israelische Seite jedoch auf Landtausch deutlich zu ihren Gunsten, welches für die Palästinenser nicht akzeptabel war (Alawi 2002; Halwani/Kapitan 2008 52f). Für sie ist das israelische Verhalten Ausdruck der jüdischen Aggressivität und Skrupellosigkeit. Es passt zum Feindbild des Rassisten, Kolonialisten und Vertreibers. Der Bau des Sicherheitszauns jenseits der Grenzen Israels bestätigt das Bild des Imperialisten. Die Akzeptanz der Grenzen von 1967 stelle an sich schon ein großzügiges Angebot dar, betrachtet man die ursprüngliche Grenzziehung des Teilungsplans von 1948. Den Israelis werden 78 Prozent des Landes zugesprochen, während man sich selbst mit 22 Prozent begnügte. Dies sei der Preis für den eigenen Staat, den die palästinensische Führung bereit wäre zu zahlen. Der Widerstand in der

---

[52] „Given the character and the importance of the rights and obligations involved, the Court is of the view that all States are under an obligation not to recognize the illegal situation resulting from the construction of the wall in the Occupied Palestinian Territory, including in and around East Jerusalem." (Mauer-Gutachten 2004: 61)
[53] Dies sind die Territorien, die Israel im Sechs-Tage-Krieg 1967 besetzt hat.

Bevölkerung gegen diese Konzession ist nicht zu unterschätzen und manifestiert sich im Zuspruch der radikalislamischen Hamas. Weitere Verzichte gegenüber der israelischen Seite wären eine Bedrohung der eigenen Existenz. Die Durchsetzung der palästinensischen Identität hat zur Folge, dass man die als unakzeptabel empfundenen Angebote der Israelis nicht annehmen kann (vgl. Alawi 2002).

Wie bei den Siedlungen auch, zeigt sich beim Aspekt der Grenzziehung das Problem der negativen Interdependenz beider Identitäten. Die psychologische Wahrnehmung, der Konflikt sei ein Null-Summen-Spiel, welches nicht das Territorium betrifft, sondern auch die eigene Existenz und Identität bedroht, verdeutlicht, dass es nahezu unmöglich erscheint, eine einvernehmliche Lösung zu finden. Die Territorialfrage wird zur fundamentalen Frage des eigenen Überlebens stilisiert. Dadurch wird Kooperation verhindert und die Basis für einen langwierigen Konflikt gelegt.

5.4. Flüchtlinge

In einer zweiten internationalen Konferenz soll die endgültige Klärung des Status unter Einbeziehung der Themen Grenzen, Jerusalem, Flüchtlinge und Siedlungen erfolgen. Die Grundlage der Verhandlungen sind die Resolutionen 242, 338 und 1397 des Sicherheitsrates. Die Flüchtlingsfrage soll einvernehmlich, fair, gerecht und realistisch geklärt werden. (Roadmap 2003: Phase III)

Die Flüchtlingsfrage ist ein Kernproblem des israelisch-palästinensischen Konflikts. Die erste Flüchtlings- und Vertreibungswelle fand 1948 statt, bei der zwischen 800.000 und einer Million Palästinenser ihre Heimat verloren (Halwani/Kapitan 2008: 73). Im Zuge des Sechs-Tage-Krieges flohen weitere 300.000 Palästinenser, die seitdem nicht mehr zurückkehren konnten (Diplomatische Mission Palästinas 2012). Das UN-Hilfswerk für palästinensische Flüchtlinge (UNRWA) zählte 2001 aufgrund des Bevölkerungswachstums mehr als 3,8 Millionen Flüchtlinge (Tabarani 2008: 85). Die Palästinenser fordern die Anerkennung der Rechte der Flüchtlinge, was ein Rückkehrrecht nach Israel beinhaltet. Die PLO fordert, dass Israel die Verantwortung als Verursacher des Flüchtlingsproblems übernimmt (Diplomatische Mission Palästinas 2012). Israel weigert sich bis heute, die Rechte der Flüchtlinge anzuerkennen oder Entschädigungen für zerstörtes Eigentum zu zahlen. Man ist nur bereit, einigen wenigen Flüchtlingen aufgrund von Familienzusammenführungen eine Rückkehr zu gewähren (Halwani/Kapitan 2008: 76). Die Flüchtlingsfrage und das damit verbundene Rückkehrrecht eröffnen verschiedene Konfliktfelder. Akzeptiert Israel die Rechte der Flüchtlinge oder leistet Kompensationszahlungen, käme dies dem Schuldeingeständnis gleich, es hätte 1948 großes Unrecht begangen. Kehren des Weiteren über 3,8 Millionen Palästinenser nach Israel zurück, sähe sich das kleine Land mit gewaltigen demographischen Herausforderungen konfrontiert.

In der Pressemitteilung vom 04.06.2003 lässt Sharon mitteilen, dass „no Palestinian refugees will be permitted to enter the territory of the State of Israel" (Sharon 2003a). Die Position Israels ist eindeutig. Die Heimat der Flüchtlinge kann aus Sicht Israels nur der zu gründende palästinensische Staat sein, weil der Staat Israel im Kern ein religiöses Projekt darstellt, bei dem die Nationalität als jüdisch definiert wird. Es fehlt die Unterscheidung zwischen Religion und Nation. Das Oberste Gericht in Israel hat diese Auffassung bestätigt, indem es eine Unterscheidung zwischen Staatsbürgerschaft und Nationalität traf.[54] Alle Juden haben automatisch das Recht zur Staatsbürgerschaft, jedoch nicht die geflohenen und vertriebenen Palästinenser. Das Rückkehrrecht wird dadurch aberkannt. Die kollektive Identität in Israel wird als explizit jüdisch definiert und beruht hauptsächlich auf Abgrenzung zu den Palästinensern. Eine drohende Rückkehr von fast vier Millionen Palästinensern hätte die 5,2 Millionen Juden bei einer Gesamtbevölkerungszahl von 6,9 Millionen im Jahre 2004 selbst zu einer Minderheit im eigenen Land gemacht (Central Bureau of Statistics 2005: 10). Ein uneingeschränktes Rückkehrrecht schürt die Angst in Israel, dass die Juden den jüdischen Charakter ihres Staates aufgeben müssten, der einen wesentlichen Bestandteil ihrer eigenen Identität und ein Gefühl von Sicherheit darstellt. Dies würde eine Identitätskrise auslösen und erklärt Israels rigide Position bei der Ablehnung eines Rückkehrrechts für die Palästinenser.

Zu einem dauerhaften Konflikt gehört das Unvermögen, sich auf die Sichtweise des Anderen einzulassen. Andernfalls würde man den moralischen Anspruch verlieren, im Recht zu sein. Dies würde die eigene Identität gefährden. Gesteht man sich als Israeli ein, dass die Palästinenser im Jahre 1948 fliehen mussten und vertrieben wurden, damit der israelische Staat gegründet werden und wachsen konnte, setzt man sich selbst ins Unrecht und muss demnach das Existenzrecht Israels in Frage stellen.

---

[54] Siehe dazu Kapitel 3.1.1.

Dies ist der Schwachpunkt der eigenen Identität, die zum Irrtum führt, dass ein Öffnen zur Sichtweise des Feindes automatisch zur Aufgabe des eigenen Standpunktes führen würde. (Senfft 2010: 5) Ein Schuldeingeständnis kommt daher nicht in Frage. Ohnehin ist man der Auffassung, dass man aufgrund der Erfahrung des Holocausts und der Diaspora für die richtige und gerechte Sache kämpft. Die eigene Schuld und die Gewalt gegenüber den Palästinensern stellen dissonante Informationen dar, die dem demokratischen und gerechten Selbstverständnis Israels zuwider laufen und deshalb ignoriert oder abgewertet werden.

Die Palästinenser hingehen besitzen die Tendenz, in ihrer verklärten Vergangenheit von einem verlorenen Paradies zu leben. Sie fixieren sich auf die Geschichte, trauern um ihr Leid in der Gegenwart und halten an einer bevorstehenden Heimkehr fest. Die Nakba hat sich in der Psyche eingebrannt und ist fester Bestandteil ihrer Identität. Deshalb fordern sie vehement ein Rückkehrrecht ein, dessen rechtliche Grundlage die Resolution 194 darstellt.[55] Dass zu den knapp einer Million Flüchtlingen von 1948 etwa drei Millionen bis zum Jahr 2001 hinzugekommen sein sollen, ist Unsinn. Es handelt sich vielmehr um die Nachfahren der ursprünglichen Flüchtlinge. Der Flüchtlingsstatus vererbt sich demnach und schafft demographische Tatsachen. Je mehr Nachkommen, desto mehr Flüchtlinge gibt es, die in den Staat Israel zukehren sollen, in dem sie nie gelebt haben. Demnach ist es offensichtlich, dass ein vollständiges Rückkehrrecht für alle Flüchtlinge vollkommen unrealistisch ist und für Israel auch nicht zur Disposition stehen kann.

5.5. Jerusalem

Der Status Jerusalems soll ebenfalls Gegenstand der Endstatusverhandlungen sein. Die Roadmap gibt lediglich vor, dass die Jerusalemfrage allen politischen und religiösen Bedenken Rechnung tragen und alle Interessen von Juden, Christen und Muslimen in der Welt schützen soll. (Roadmap 2003: Phase III)

---

[55] „[…] the refugees wishing to return to their homes and live at peace with their neighbours should be permitted to do so at the earliest practicable date, and that compensation should be paid for the property of those choosing not to return and for loss of or damage to property which, under principles of international law or in equity, should be made good by the Governments or authorities responsible […]" (Resolution 194 (III) 1948)

Die Stadt Jerusalem ist eine der ältesten und umkämpftesten Städte der Welt (Johannsen 2009: 75). Sie ist über Jahrhunderte hinweg das wirtschaftliche, politische, administrative, kulturelle und religiöse Zentrum Palästinas gewesen. Die Palästinenser fordern das arabische Ost-Jerusalem als Hauptstadt ihres zukünftigen Staates (Diplomatische Mission Palästinas 2012). Hierbei handelt es sich vornehmlich um die Altstadt und die umliegenden Bezirke. Den Anspruch Israels auf West-Jerusalem hatten sie faktisch bereits akzeptiert (Perthes 2006: 209). Demgegenüber betrachtet Israel das gesamte Jerusalem als seine Hauptstadt. Die Knesset verabschiedete am 30. Juli 1980 das *Jerusalemgesetz*, welches das gesamte und vereinte Jerusalem als Hauptstadt Israels erklärte (Israel Ministry of Foreign Affairs 1980).[56] De jure bedeutet das eine Annektierung Ost-Jerusalems. Aus diesen offensichtlich inkompatiblen Sichtweisen resultiert der Streit um den Status Jerusalems. Ohne eine abschließende Regelung wird der israelisch-palästinensische Konflikt vermutlich nicht zu lösen sein. Keine der Konfliktparteien kann die Bedeutung der Stadt in der Geschichte, den Erinnerungen und dem Alltag der beiden Völker ignorieren (Johannsen 2009: 75). Außerdem ist Jerusalem für die christliche und die muslimische Glaubenswelt ebenso ein symbolträchtiger Ort, so dass der Streit um die *Heilige Stadt* weit über den Nahostkonflikt hinausreicht.

Jerusalem war die Hauptstadt des antiken jüdischen Staates. In dem dort errichteten Tempel sollten die Tafeln mit den zehn Geboten aufbewahrt worden sein. Der Messias werde dem jüdischen Glauben nach den zerstörten Tempel wieder aufbauen, das jüdische Volk aus dem Exil versammeln und den Weltfrieden bringen. Die Muslime glauben, dass der Prophet Mohammed dort in die sieben Himmel aufgefahren ist. Dorthin muss am Ende der Tage der heilige Stein von Mekka gebracht werden, damit sich das Paradies öffnet. Für die Christen ist Jerusalem die Stadt, in der vor etwa 2000 Jahren Jesus gekreuzigt wurde und für die Sünden der Menschheit litt.

Es zeigt sich, dass Jerusalem für die religiöse Identität von essentieller Bedeutung ist und zu Konkurrenzkämpfen um den Besitz führt. Da die Christen dort keinen Staat errichten wollen, sind sie nur noch indirekt an der Auseinandersetzung um Jerusalem beteiligt. Die Israelis und die Palästinenser sind in der Jerusalemfrage jedoch nach wie vor tief gespalten. Der Streit betrifft vor allem den Tempelberg in der Altstadt, auf dem sich die Klagemauer, die Al-Aksa-Moschee und der Felsendom befinden.

---

[56] „Jerusalem, complete and united, is the capital of Israel."

Von Anfang an verfolgte Israel das Ziel, dass Ost-Jerusalem niemals die Hauptstadt eines palästinensischen Staates werden dürfe. Enteignungen, Vertreibungen, Diskriminierungen und Schikane gegenüber den Palästinensern sollten den Anspruch Israels sichern. Die Siedlungspolitik und der Bau der Sperranlage sollen die Voraussetzungen für eine Annektierung schaffen. Mittlerweile ist Jerusalem zweifach geteilt – in Ost- und West-Jerusalem sowie in jüdische und arabische Stadtteile Ost-Jerusalems. Durch die israelische Sperranlage werden Tatsachen geschaffen, die eine Kompromisslösung nachhaltig erschweren.

Die Einbindung Jerusalems als religiöses Zentrum in die israelische Identität erweist sich damit als fatal für den Friedensprozess. Die Diaspora ist ein konstituierendes Merkmal der Identität, ebenso wie der Schmerz um den Verlust Jerusalems. Alle religiösen Parteien lehnen eine Teilung der Souveränität über Jerusalem strikt ab. Damit wird der Status Jerusalems zu einem indiskutablen Punkt. Gleiches gilt für die Palästinenser. Ihnen wurde das Land gewaltsam entrissen, was ihnen gehöre. Die heiligen Stätten sind ebenso essentiell für ihren Glauben und ihre Identität wie bei den Israelis. Ihr Wunsch nach einem Staat mit Ost-Jerusalem als Hauptstadt ist außerordentlich groß. Die Aufteilung der einzelnen Stadtviertel und Wohnblocks ist nicht das Entscheidende. Es geht im Kern um eine Einigung über die heiligen Stätten. Keiner will auf Jerusalem als religiöses Zentrum und als Hauptstadt seines Staates verzichten. Israelis wie Palästinenser wollen die Hoheitsrechte über die Stadt nicht teilen. Bislang wurde eine internationale Lösung genauso abgelehnt. Die Palästinenser haben Angst, ihre Identität zu verlieren und die Israelis haben Angst, den jüdischen Charakter ihres Staates preiszugeben. Über religiöse Identität kann man nicht verhandeln. Die negative Interdependenz beider Identitätskonstruktionen bricht sich damit an der Jerusalemfrage besonders deutlich.

6. Schlussbetrachtung

Das Thema dieser Arbeit war der Nahostkonflikt im Allgemeinen und der israelisch-palästinensische Konflikt sowie das Scheitern der Roadmap 2003 im Speziellen. Es ist festzuhalten, dass es sich beim Nahostkonflikt im Kern um einen Territorialkonflikt handelt, der mit dem zionistischen Unternehmen begann und sich bis heute in der israelischen Besatzung der palästinensischen Gebiete äußert. Das Prinzip *Land für Frieden*, dem der gesamte Friedensprozess zugrunde liegt, verdeutlicht diese Erkenntnis. Letztendlich geht es um das Territorium, dass die Religionsgemeinschaften beanspruchen, jedoch nicht um die richtige religiöse Deutung. Daher ist der Konflikt zwar mit religiösen Elementen aufgeladen und von unterschiedlichen Aspekten überlagert, bleibt aber im Kern ein territorialer Konflikt. Diese Aspekte beinhalten Religion, Nationalismus, Kolonialismus sowie wirtschaftliche und soziale Ungleichheiten. Sie prägen die Wahrnehmungen der jeweils anderen Seite und reichern den Konflikt immer wieder neu an, so dass sie ihn zu einem Identitätskonflikt ausweiten. Die Konfliktlinien zwischen Israelis und Palästinensern verlaufen auf zwei Ebenen. Zum einen zwischen dem Staat Israel und den Palästinensern im Gazastreifen und in der Westbank und zum anderen auch innerisraelisch zwischen den jüdischen und den palästinensisch-arabischen Israelis. Alle Konfliktlinien stehen in enger Beziehung zueinander und verstärken sich gegenseitig.

In dieser Arbeit sollte daher die Fragestellung untersucht werden, inwiefern Identitäts- und Feindbildkonstruktionen eine mögliche Lösung des Nahostkonflikts im Zuge der Roadmap 2003 zwischen Israel und den Palästinensern verhindert haben. Die Hypothese lautete, dass die jeweiligen Identitätsentwürfe unmittelbar und unauflöslich mit dem Konflikt verbunden sind, so dass es zu einer Art Friedensphobie kommt. Die daraus abgeleiteten Thesen lauteten, dass der Nahostkonflikt offenbar ein fester Bestandteil beider Identitäten geworden ist und daher ein Friedensschluss eine Identitätskrise auslösen würde. Diese Krise erzeugt demzufolge die Angst vor dem Frieden. Für den theoretischen Bezug wurde ein konstruktivistischer Ansatz gewählt und durch die Begriffe von Identität und Feindbild aus der Politischen Psychologie ergänzt. Die Bearbeitung erfolgte in zwei Abschnitten. Im ersten Abschnitt wurden in der Akteursanalyse die Identitäts- und Feindbildkonstruktionen von Israel und den Palästinensern herausgearbeitet. Dies diente der Untersuchung der Hypothese und den daraus abgeleiteten Thesen. Im zweiten Abschnitt erfolgte die Arbeit am

Fallbeispiel der Roadmap. Die aus dem ersten Abschnitt gewonnenen Erkenntnisse wurden auf das Fallbeispiel angewendet und zielten auf die Beantwortung der Fragestellung.

Als theoretischer Bezug diente der Konstruktivismus. Die Grundannahme dieser Theorie besagt, dass Identitäten und Perzeptionen das Verhalten von Akteuren determinieren. Hierbei handelt es sich nicht um feste Größen, sondern sie sind grundsätzlich veränderbar. Die Wirklichkeit ist sozial konstruiert und ergibt sich aus der Interaktion der Akteure. Die Interpretation des Selbst- und des Feindbildes bestimmt damit das Handeln entscheidend. Die Identitäten werden durch Stereotype und Feindbildorientierungen geprägt, welche durch Krisen- und Kriegssituationen verstärkt werden. Ein homogenes Selbstkonzept hilft einer Gruppe, sich gegenüber anderen abzugrenzen. Dies erfolgt durch Selbst- und Fremdzuschreibungen bestimmter Eigenschaften. Die eigene Gruppe wird idealisierend und positiv betrachtet, während der Fremdgruppe negative und abwertende Eigenschaften zugeschrieben werden. Klischees und Vorurteile bestimmen die Denkmuster. Überzeugungssysteme, Werte, Stereotype und Einstellungen dienen dazu, die Fülle der Informationen zu verarbeiten. Durch unterschiedliche Einsparungsstrategien werden die Informationen dem eigenen Weltbild angepasst. Bei der Informationswahrnehmung und Informationsverarbeitung werden unterschiedliche Selektionsmechanismen aktiv.[57] Dabei spielen Feindbilder eine besondere Rolle, weil sie die Gruppenkohäsion stärken, brüchige Identitäten stabilisieren und das eigene Selbstbewusstsein stärken. Damit sind Identität und Feindbild eng miteinander verbunden.

Für Israel gibt es drei konstituierende Merkmale der Identität. Diese sind die Rolle der Religion, der Zionismus als Variante eines jüdischen Nationalismus sowie die Erfahrung der Diaspora und des Holocaust. Diese Identitätskonstruktion bestimmt Israels Handeln nachhaltig. Religion und Zionismus sind eng miteinander verknüpft. Die Konzeption des israelischen Staates fußt auf diesen Elementen. Die Haltung Israels in der Siedlungspolitik wird maßgeblich aus diesen Identitätselementen beeinflusst. Die Besiedelung der Westbank wird als Teil des Erlösungsprozesses des jüdischen Volkes und damit als Vollzug göttlichen Willens betrachtet. Dies hat legitimierende Wirkung. Alle religiösen Parteien in Israel lehnen Kompromisse in der Siedlungspolitik ab. Dies erschwert zudem eine Einigung in sämtlichen territorialen Fra-

---

[57] Siehe dazu ausführlich Kapitel 2.2.

gen. Auch bei der Flüchtlingsfrage wird der Einfluss der religiösen Identität deutlich. Es wird in Israel zwischen Staatsbürgerschaft und Nationalität unterschieden. Es gibt nur eine jüdische Nationalität. Die fehlende Unterscheidung zwischen Nation und Religion schließt eine Rückkehr palästinensischer Flüchtlinge nach Israel kategorisch aus. Die Erfahrungen des Holocaust und der Diaspora begründen das starke Sicherheitsbedürfnis Israels. Durch das erfahrene Leid kämpft Israel demnach für die richtige und gerechte Sache. Der Holocaust erfüllt damit einen Legitimationszweck. Das kollektive Trauma der Shoa ist ursächlich für ein permanentes Gefühl der Verwundbarkeit, obwohl Israel die unangefochtene militärische Supermacht in der Region darstellt. Man sieht sich vorwiegend in der Opferrolle. Dies erklärt auch, warum die Armee einen hohen Stellenwert in der israelischen Gesellschaft genießt. Die extrem heterogene Gesellschaft Israels spiegelt sich in der fragmentierten politischen Landschaft wider. Diese Heterogenität erschwert nachhaltig das Herausbilden einer gemeinsamen und gesellschaftsübergreifenden Identität. Das äußere Feindbild der Araber und Palästinenser hält die heterogene und zerrissene israelische Gesellschaft zusammen und bewahrt sie vor dem Ausbruch innergesellschaftlicher Konflikte.

Das israelische Feindbild gegenüber den Palästinensern ist vor allem dadurch gekennzeichnet, dass sie als gewalttätige, unzivilisierte Fanatiker dargestellt werden. Durch die traumatischen Erfahrungen der Vergangenheit hat sich in Israel eine Belagerungsmentalität herausgebildet, die insbesondere die Araber als Feinde identifiziert. Araber seien von Natur aus den Juden feindlich gesinnt und wollten sie am liebsten vernichten. Angeblich stets zur Heimtücke und zum Dolchstoß bereit, herrscht tiefes Misstrauen gegenüber Palästinensern und Arabern. Man sieht sich in einem militärischen Behauptungskampf gegen eine feindliche gesinnte Nachbarschaft. Gepaart mit der Überlegenheitsattitüde der Israelis lassen sich eindeutig rassistische Tendenzen identifizieren. Insbesondere die radikalen Siedler neigen zu Gewalttaten gegenüber diesem ultimativen Feind.

Für die Palästinenser gibt es zwei prägende Elemente der Identität. Dies ist einerseits die Verbindung zum Gebiet Palästina, ihrer Heimat, welche geteilt und teilweise verloren ist. Andererseits ist es das kollektive Gedächtnis, in welches sich das Leiden der Nakba und den anderen empfundenen Ungerechtigkeiten eingebrannt hat. Die israelische Staatsgründung wurde als kolonialistischer Gewaltakt wahrgenommen, der die palästinensische Identitätsfindung unterstützte. Die Erlebnisse von der Nakba, der ersten und zweiten Intifada sowie der israelischen Besatzung prägen das kollektive Gedächtnis und einige die Palästinenser. Der Nakba kommt die Bedeutung eines Gründungsmythos zu. Kämpferethos, Opferrolle und Jihad-Geschichten sind zentrale Elemente des palästinensischen Selbstverständnisses, die feste Bestandteile ihrer Geschichte und Identität darstellen. Die Konkurrenz von Fatah und Hamas zeigt am deutlichsten, dass die palästinensische Gesellschaft keinesfalls homogen ist. Die räumliche Trennung vom Gazastreifen und der Westbank erschweren die Herausbildung und Festigung einer einheitlichen palästinensischen Gesellschaft. Diese Spannungen schwächen die palästinensische Stellung, welches negative Auswirkungen auf ihren größten Wunsch hat – die Gründung eines eigenen Staates. Auch wenn die palästinensische Identität mittlerweile ein realer Faktor ist, existieren sie nicht als unabhängige Einheit mit einer unabhängigen Geschichte. Sie sind eng mit Israel verknüpft und verschränkt.

Das palästinensische Feindbild gegenüber Israel zeichnet sich vornehmlich dadurch aus, dass man den Israeli als Besetzer, Unterdrücker, Kolonialisten, Rassisten und imperialistischen Vertreiber wahrnimmt, der sich undemokratischen Praktiken bedient und sich nicht um das Völkerrecht kümmert. Die meisten Palästinenser sind der Ansicht, dass sie jetzt die Rechnung des jüdischen Staates zahlen und ihnen das wiederfährt, was man den Juden angetan hat. Der zionistische Feind raubte ihnen die Lebensgrundlage und verhindert ihren Wunsch nach eigener Staatlichkeit. Der Antisemitismus ist in der palästinensischen Gesellschaft und in der Führung stark verwurzelt. Durch die Projektion in die Opferrolle wird ein Legitimationsgrund für die Vernichtung Israels geschaffen. Man sieht sich als Opfer einer jüdischen und imperialistischen Weltverschwörung. Die Juden werden als das absolut Böse charakterisiert, von dem die Welt zu befreien sei.

Zusammengefasst wird der israelisch-palästinensische Konflikt aus Sicht von Identität und Feindbild hauptsächlich von der Dichotomie von Täter und Opfer bestimmt. Es wird nicht eingesehen, dass der Andere möglicherweise auch ein Opfer sein könnte. Die Identitätskonstruktion beider Konfliktparteien beruht im Kern auf Abgrenzung voneinander, auf Exklusion und auf dem Versuch wechselseitiger Verdrängung. Palästinenser und Israelis sehen ihre Nation als stark gefährdet an. Keine Seite ist überzeugt, dass der andere von seinem Ziel der Vernichtung des Gegners tatsächlich abgerückt sei. Die Wahrnehmung des Nahostkonflikts als ein Null-Summen-Spiel, bei dem es nur eine einzige Nation als Gewinner geben könne, stört nachhaltig jeden Friedensprozess. Warum sollte man mit jemandem verhandeln oder einen Dialog führen, der einem insgeheim den Tod wünscht? Das Dilemma dieser negativen Interdependenz beider Identitäten wird deutlich. Kooperation wird nachhaltig gestört und der Grundstein für einen langwierigen Konflikt gelegt.

Nichtsdestotrotz zeigt sich, dass beide Identitäten unmittelbar miteinander verknüpft sind. Integraler Bestandteil der palästinensischen, wie auch der israelischen Identität ist der Nahostkonflikt, der sich an den vier Kernproblemen der Siedlungspolitik, der Flüchtlingsfrage, den Grenzen beziehungsweise des Territoriums und dem Status Jerusalems bricht. Die Identitätskonstruktionen auf beiden Seiten verhindern in vielen Punkten Kompromisse. Eine Lösung des Nahostkonflikts würde unweigerlich Konzessionen bedeuten, die eine Identitätskrise auslösen können. In allen vier Kernproblemen lassen sich Identitätsmuster identifizieren, die eine Lösung erschweren. Ein möglicher Friedensschluss bedroht damit potenziell die jeweilige Identität. Es lässt sich daher sagen, dass die eingangs formulierten Thesen zutreffend sind. Die Identitätsentwürfe und die Identitätsfindung über Feindbilder brauchen den Konflikt. Die Stabilisierung der eigenen Identität über eine äußere Bedrohung in Verbindung mit den extrem starken Feindbildkonstruktionen löst eine Angst vor dem Frieden aus. Dementsprechend kann die Hypothese als bestätigt angesehen werden.

Auch für das Fallbeispiel der Roadmap 2003 hat sich gezeigt, dass sich die Identitäts- und Feindbildkonstruktionen als Hindernisse erweisen. Obwohl beide Parteien die Roadmap zumindest prinzipiell akzeptierten und der Fahrplan von allen relevanten politischen Akteuren getragen wurde, ist die Roadmap bereits in der ersten Phase gescheitert. Sie stellte den kleinsten gemeinsamen Nenner aller Beteiligten dar, um überhaupt konsensfähig zu sein. Daraus resultierten konzeptionelle Defizite, die den Fahrplan für Störmanöver besonders anfällig machten. Die fehlenden Sanktionsmechanismen, unverbindliche Formulierungen und ein unrealistischer Zeitplan stellen die wichtigsten Konstruktionsschwächen dar. Eine weitere Erklärungsmöglichkeit wurde durch den spieltheoretischen Ansatz von Beck gegeben. Es wurden vier Kooperationsprobleme identifiziert – das Vertrauensproblem, das Problem der Orientierung an relativen Gewinnen, die diskriminierende Auswahl und das Problem des gesellschaftlichen Vetos. Es ist jedoch unklar geblieben, warum es dieses starke

Misstrauen gibt oder warum die vier Kernprobleme des Nahostkonflikts und die Standpunkte der Konfliktparteien überhaupt so antagonistisch erscheinen.

Eine Ergänzung liefert die Einbeziehung von Identitäts- und Feindbildkonstruktionen. Beide Konfliktparteien besitzen kollektive Glaubenssätze, die sie zur Stabilisierung, Ausformung und Verfestigung ihrer Identität entwickelt haben. Dazu zählen auch etablierte Feindbilder. Diese Identitäten und Ideen determinieren die Wahrnehmungen, Haltungen und Verhaltensmuster beider Parteien. Dies entspricht auch einer der Grundannahmen des Konstruktivismus. Es ist allerdings hervorzuheben, dass die Identitäts- und Feindbildkonstruktionen ein Scheitern der Roadmap alleine nicht erklären können. Sie sind vielmehr als weitere Determinanten zu verstehen, um ein möglichst umfassendes Verständnis der Problemstellung zu erlangen. Ihre destruktive Wirkung auf den Friedensprozess entfalten sie beispielsweise erst im Zusammenspiel mit den konzeptionellen Schwächen des Fahrplans.

Um aufzuzeigen, wo sich die Identitäts- und Feindbildkonstruktionen auf das Handeln der Akteure ausgewirkt haben oder ausgewirkt hätten (die Roadmap ist ja bereits in der ersten Phase gescheitert), wurden Einzelaspekte der Roadmap auf ihre Konflikträchtigkeit untersucht. Es handelte sich hierbei um die zentralen Fragen der Sicherheit, Siedlungen, Grenzen, Flüchtlingen und Jerusalem.

Bei der Sicherheitskooperation lässt sich festhalten, dass sich die in Israel vorherrschende Belagerungsmentalität und das starke Sicherheitsbedürfnis als Kooperationshindernis erweisen. Israel forderte die Palästinenser auf, bei der Sicherheit zunächst in Vorleistung zu gehen, bevor es seine Aufgaben erfüllen werde. Diese Forderung verlangt von den Palästinensern einen Schritt ins Ungewisse. Es ist wie bei einem Trapezsprung, bei dem man nicht sicher ist, ob der Partner einen auffangen wird oder man in die Tiefe stürzt. Die fest verankerten Feindbilder eines zionistischen Kolonialisten und eines weltverschwörerischen Juden stehen diesem Schritt im Weg. Sie motivieren und legitimieren die Gewaltanwendung und bieten radikalen Palästinensern die Chance, die Roadmap scheitern zu lassen, welches mit dem Attentat vom 19. August 2003 auf einen Bus in Jerusalem letztendlich auch geschehen ist.

Bei den Siedlungen wird die Berührung mit Israels Identität besonders deutlich. Eine Räumung der Siedlungen würde bedeuten, einen Teil des jüdischen Charakters ihres Staates aufzugeben, der einen grundlegenden Bestandteil ihres Sicherheitsgefühls und ihrer Identität ausmacht. Die Angst vor einer Identitätskrise verhindert von vornherein eine Kompromisslösung. Die Palästinenser haben die Roadmap akzeptiert, auch wenn die Hamas und ihre Anhänger das gesamte Palästina beanspruchen. Am Aspekt der Siedlungen hat sich gezeigt, dass die Verbindung von Nationalismus und Religion dazu geführt hat, dass radikale Minderheiten auf beiden Seiten zu Größen werden, die durch ihre Gewalttaten den Friedensfahrplan gefährden.

Bei den Grenzen wird das Problem der negativen Interdependenz beider Identitäten deutlich. Die Territorialfrage wird zur fundamentalen Frage des eigenen Überlebens stilisiert. Der Widerstand Israels gegen territoriale Kompromisse manifestiert sich im Bau des Sicherheitszauns, welcher Israel de facto zehn Prozent der Westbank zusprechen wird. Das israelische Vorgehen schafft Fakten und vernichtet Kompromisslösungen. In den Augen der Palästinenser werden ihre Vorurteile und Feindbilder dadurch nur bestätigt. Kooperation wird allerdings verhindert.

Die Flüchtlingsfrage stellt eines der wichtigsten Anliegen der Palästinenser dar. Ihre Tendenz, die Vergangenheit zu verklären und die Gegenwart zu ignorieren, lässt sie unbeirrt an einem Rückkehrrecht für alle Flüchtlinge und deren Nachfahren festhalten. Für Israel steht dies nicht zur Disposition. Durch die Rückkehr von fast vier Millionen Flüchtlingen nach Israel würden die Juden in ihrem eigenen Staat zur Minderheit werden. Ihre kollektive Identität definiert sich jedoch als explizit jüdisch. Die Rückkehr aller Flüchtlinge würde den Verlust ihres Staatscharakters bedeuten und eine Identitätskrise auslösen, ungeachtet der gravierenden demographischen Probleme. Ein vollständiges Rückkehrrecht für alle Flüchtlinge ist daher vollkommen unrealistisch und nicht verhandelbar.

Jerusalem wird von beiden Konfliktparteien als ihre Hauptstadt beansprucht. Für beide ist die Stadt ein wichtiges Merkmal ihrer religiösen Identität. Dort liegen ihre heiligen Stätten. Da sich über Identität nicht verhandeln lässt, birgt dies weitere Kooperationshindernisse. Palästinenser wie Israelis fürchten um ihre religiöse Identität, wenn die Stadt dem jeweils anderen gehört. Hier zeigt sich die negative Interdependenz besonders deutlich.

Es ist deutlich geworden, dass bei allen genannten Einzelaspekten der Roadmap reichlich Konfliktpotenzial mit Identitäts- und Feindbildkonstruktionen vorhanden ist. Der Nahostkonflikt ist in die Identitätskonstruktionen eingebunden. Die Kernfragen dieses Konflikts berühren direkt die Identitäten beider Parteien. Die etablierten Feindbilder sind zu Elementen der Identitätsfindung geworden. Da die Identitäten und Perzeptionen das Handeln von Akteuren determinieren, wird klar, warum es offensichtlich eine Angst vor dem Frieden gibt und die Lösung des israelisch-palästinensischen Konflikts so unmöglich erscheint. Auch wenn sie nicht der alleinige Grund für das Scheitern der Roadmap sind, haben die Identitäts- und Feindbildkonstruktionen einen entscheidenden Anteil daran, dass der Friedensfahrplan gescheitert und der Nahostkonflikt bis heute ungelöst ist. Beide Gesellschaften sind jedoch heterogen. Die politischen Spektren sind breit. In Israel und in den palästinensischen Autonomiegebieten gibt es moderate Kräfte, die an konstruktiven Friedensverhandlungen interessiert sind. Dies zeigen die Auseinandersetzungen in beiden Gesellschaften zwischen den Tauben und Falken. Identitäten, Ideen und Weltbilder sind überdies nichts Statisches, sondern variabel und damit veränderbar. Durch fortschrittliches Lernen können alte Muster aufgebrochen und neu interpretiert werden. Verändern sich die Identitäten und Interessen, verändert sich dementsprechend auch das Handeln der Akteure. Deshalb wäre es sinnvoll, wenn zukünftige Friedensverhandlungen und Maßnahmen zur Konfliktbearbeitung die Identitäts- und Feindbildkonstruktionen stärker berücksichtigen würden, als dies in der Vergangenheit geschehen ist.

Es ist sehr kompliziert, innerhalb asymmetrischer Machtverhältnisse, wie sie zwischen Israel und den Palästinensern herrschen, einen Dialog zu ermöglichen. Wenn die Schwächeren frustriert sind, weil sich die Situation und die eingefrorenen Machtverhältnisse nicht ändern, neigen sie dazu zu glauben, Gewaltanwendung führe eine Änderung herbei. Diese *Selffullfilling Prophecy* führt meist in einen Teufelskreis. Die Kubakrise 1962 hat jedoch gezeigt, dass durch Kommunikation die Wahrnehmungen über die Absichten der jeweils anderen Seite korrigiert wurden und die Vermeidung eines Atomkriegs wichtiger war als mit seinen Ansichten tatsächlich Recht zu behalten. Es besteht also durchaus die Hoffnung, dass der israelisch-palästinensische Konflikt irgendwann auf friedliche Art und Weise gelöst werden kann.

7. Literaturverzeichnis

Hinweis zur Literaturangabe/Zitierweise

In dieser Arbeit wird der Kurzbeleg verwendet. Bezieht sich die Quellenangabe auf den vorherigen Satz, so steht der Literaturverweis vor dem Satzzeichen. Bezieht sich die Quellenangabe auf den kompletten Absatz, so steht dieser hinter dem Satzzeichen.

Alawi, Abdul-Rahman: Zwischen Oslo und Al-Aksa-Intifada, 2002.
http://www.bpb.de/apuz/25304/zwischen-oslo-und-al-aksa-intifada?p=all
(18.07.2012)

Alterman, Jon B.: The Promise of Partnership. U.S.-EU Coordination in the Middle East, Washington, D.C. 2003.

Asseburg, Muriel: Blockierte Selbstbestimmung. Palästinensische Staats- und Nationenbildung während der Interimsperiode, Baden-Baden 2002.

Asseburg, Muriel: Mit wem soll der Dialog im israelisch-palästinensischen Konflikt stattfinden? In: SWP-Berlin: Dialog im israelisch-palästinensischen Konflikt, FG6AP Nr. 1/2010.

Bar-On, Dan: Die „Anderen" in uns. Dialog als Modell der interkulturellen Konfliktbewältigung, Hamburg 2006.

Barnett, Michael: Social Constructivism, in: Baylis, John/Smith, Steve/Owens, Patricia: The Globalization of World Politics. An Introduction to International Relations, Oxford 2008, S. 160-191.

Baumgart-Ochse, Claudia: Die politisierte Religion der jüdischen Siedler, in: Ansorge, Dirk (Hrsg.): Der Nahostkonflikt. Politische, religiöse und theologische Dimensionen, Stuttgart 2010, S. 29-39.

Beck, Martin: Aussicht auf Frieden in Nahost? Fahrplan und Genfer Abkommen im Lichte konflikttheoretischer Überlegungen, in: Vierteljahresschrift für Sicherheit und Frieden 21/2003, S. 115-120.

Beck, Martin: Friedensprozess im Nahen Osten. Rationalität, Kooperation und politische Rente im Nahen Osten, Wiesbaden 2002.

Berghold, Josef: Feindbilder und Verständigung. Grundfragen der politischen Psychologie, Bielefeld 2004.

Bernstein, Reiner: Von Gaza nach Genf. Die Genfer Friedensinitiative von Israelis und Palästinensern, Schwalbach 2006.

Breaking the Silence: Israeli soldiers talking about the occupied territories, 2012. http://www.breakingthesilence.org.il/ (17.07.2012)

Bröning, Michael/Meyer, Henrik: Zwischen Konfrontation und Evolution. Parteien in Palästina, in: Aus Politik und Zeitgeschichte 9/2010, S. 28-35.

Caplan, Greg: Ein transatlantischer Lösungsansatz zur Lösung des Nahostkonflikts. Reichen die Gemeinsamkeiten? In: Auslandsinformationen 10/2003, S. 4-52.

Central Bureau of Statistics: Israel in Figures, 2005. http://www.cbs.gov.il/publications/isr_in_n05e.pdf (06.07.2012)

CIA World Factbook, 2012. https://www.cia.gov/library/publications/the-world-factbook/index.html (16.05.2012)

Cook, Jonathan: Israel and the Clash of Civilisations. Iraq, Iran and the Plan to Remake the Middle East, London 2008.

Diplomatische Mission Palästinas: Offene Fragen, 2012. http://palaestina.org/index.php?id=27 (05.07.2012)

Driesch, Wolfgang: Der jüdische Anspruch auf das Heilige Land aus muslimischen Perspektiven, in: Ansorge, Dirk (Hrsg.): Der Nahostkonflikt. Politische, religiöse und theologische Dimensionen, Stuttgart 2010, S. 184-196.

Filzmaier, Peter/Gewessler, Leonore/Höll, Otmar/Mangott, Gerhard: Internationale Politik, Wien 2006.

Flohr, Anne Katrin: Feindbilder in der Internationalen Politik. Ihre Entstehung und ihre Funktion, Münster 1991.

Freise, Josef: Überwindung von Stereotypen und Feindbildern. Deutsch-palästinensischer Studentenaustausch, in: Institut für Auslandsbeziehungen (Hrsg.): Agents of Change – Die Rolle von Künstlern und Kulturschaffenden in Krisen- und Konfliktregionen, Stuttgart 2011, S. 17-23.

Gorali, Moshe: So this Jew, Arab, Georgian and Samaritan go to Court, 2003. http://www.haaretz.com/print-edition/features/so-this-jew-arab-georgian-and-samaritan-go-to-court-1.109982 (12.06.2012)

Gush Shalom: Pressemitteilung vom 18. Dezember 2003. http://www.ag-friedensforschung.de/regionen/Israel/scharon-rede.html#teil4 (04.02.2012)

Haaretz: Israel's road map reservations, 2003. http://www.haaretz.com/print-edition/news/israel-s-road-map-reservations-1.8935 (28.04.2012)

Haaretz: Qaida No. 2. Hezbollah started rumor that Israel planned 9/11, 2008. http://www.haaretz.com/news/qaida-no-2-hezbollah-started-rumor-that-israel-planned-9-11-1.244389 (17.07.2012)

Halwani, Raja/Kapitan, Tomis: The Israeli-Palestinian Conflict. Philosophical Essays on Self-Determination, Terrorism and the One-State Solution, New York 2008.

Hamas-Charta, 1988. http://www.thejerusalemfund.org/www.thejerusalemfund.org/carryover/documents/charter.html (21.06.2012)

Haustein, Lydia: Kampf der kulturellen Ideologien statt Kampf der Kulturen. Überlegungen zu den Bilderkriegen, in: Haustein, Lydia/Scherer, Bernd M./Hager, Martin: Feindbilder. Ideologien und visuelle Strategien der Kulturen, Göttingen 2007.

Hebenstreit, Aline: Wir und die Anderen, Identitätsfindung über Feindbilder, in: Fathi, Schirin (Hrsg.): Komplotte, Ketzer und Konspirationen. Zur Logik des Verschwörungsdenkens – Beispiele aus dem Nahen Osten, Bielefeld 2010, S. 59-68.

Holler, Manfred J./Illing, Gerhard: Einführung in die Spieltheorie, Heidelberg 2006.

Hunt, John F.: Enmifikation. Zu den Ursachen des Prozesses der Feindbildproduktion, 1994. http://www.wissenschaft-und-frieden.de/seite.php?artikelID=1057 (28.05.2012)

Israel Ministry of Foreign Affairs: Basic Law. Jerusalem, Capital of Israel, 30. Juli 1980. http://www.mfa.gov.il/MFA/MFAArchive/1980_1989/Basic%20Law-%20Jerusalem-%20Capital%20of%20Israel (09.07.2012)

Israel Ministry of Foreign Affairs: Result of Elections to the 16th Knesset – Jan 28 – 2003a. http://www.mfa.gov.il/MFA/History/Modern%20History/Historic%20Events/Results%20of%20Elections%20to%20the%2016th%20Knesset%20-%20Jan%2028- (12.06.2012)

Israel Ministry of Foreign Affairs: Suicide bombing of No 2 Egged bus in Jerusalem, 19. August 2003b. http://www.mfa.gov.il/MFA/MFAArchive/2000_2009/2003/8/Suicide+bombing+of+No+2+Egged+bus+in+Jerusalem+-+1.htm (16.05.2012)

Jachtenfuchs, Markus: Ideen und Interessen. Weltbilder als Kategorien politischer Analyse, in: Arbeitspapier des Mannheimer Zentrums für Europäische Sozialforschung 2/1993, S. 1-33.

Jerusalem Media and Communication Center: Poll No. 49, Public Opinion Poll on Palestinian Attitudes Towards the Palestinian Situation After the Third Anniversary of the Intifada, Oktober 2003.
http://www.jmcc.org/Documentsandmaps.aspx?id=450 (02.07.2012)

Johannsen, Margret: Der Nahost-Konflikt, Wiesbaden 2009.

Johannsen, Margret: Israel im Konflikt. Zur Friedensfähigkeit einer tief gespaltenen Gesellschaft, Hamburg 2006.

Joggerst, Karin: Getrennte Welten – Getrennte Geschichte(n)? Zur politischen Bedeutung von Erinnerungskultur im israelisch-palästinensischen Konflikt, Münster 2002.

Kelman, Herbert C.: The Interdependence of Israeli and Palestinian National Identities. The Role of the Other in Existential Conflicts, in: Journal of Social Issues 3/1999, S. 581-600.

Khalidi, Rashid: Palestinian Identity. The Construction of Modern National Consciousness, New York 1997.

Küntzel, Matthias: Djihad und Judenhaß. Über den neuen antijüdischen Krieg, Freiburg 2003.

Kratt, Heike: Zivile Konfliktbearbeitung in Israel und Palästina, in: Aus Politik und Zeitgeschichte 9/2010, S. 41-46.

Krell, Gert: Weltbilder und Weltordnung. Einführung in die Theorie der Internationalen Beziehungen, Baden-Baden 2004.

Kristensen, Hans M./Norris, Robert S.: US nuclear forces 2012, in: Bulletin of the Atomic Scientists 3/2012, S. 84-91.

LeVine, Mark: Impossible Peace. Israel/Palestine since 1989, New York 2009.

Litvak, Meir: Introduction. Collective Memory and the Palestinian Experience, in: Litvak, Meir (Hrsg.): Palestinian Collective Memory and National Identity, New York 2009, S. 1-26.

Mauer-Gutachten: Urteil des Internationalen Gerichtshofs vom 9. Juli 2004, http://www.ag-friedensforschung.de/regionen/Nahost/mauer-igh-orig.pdf (06.07.2012)

McGreal, Chris: Sharon pledges to expand in West Bank, 2005.
http://www.guardian.co.uk/world/2005/aug/23/israel (18.07.2012)

McQuillan, Laurence: Israeli leader refuses to stop building barrier, 2003.
http://www.usatoday.com/news/world/2003-07-29-bush-sharon_x.htm (18.07.2012)

Middle East Media Research Institute: Hitler's Mein Kampf in East Jerusalem and PA Territory, 1999. http://www.memri.org/report/en/0/0/0/0/0/0/292.htm (20.06.2012)

Oxford Islamic Studies Online, 2012. http://www.oxfordislamicstudies.com/Public/Home.html?url=%2Fapp%3Fservice%3Dexternalpagemethod%26method%3Dview%26page%3DHome&failReason=Err_UserPass_None+Err_IP_BadCred+Err_Athens_None+Err_Shib_None+Err_Referrer_None+Err_LibCard_None (20.06.2012)

Palästinensische Nationalcharta, 17. Juli 1968. http://palaestina.org/fileadmin/Daten/Dokumente/Abkommen/PLO/palaestinensische_nationalcharta.pdf (20.06.2012)

Perthes, Volker: Geheime Gärten. Die neue arabische Welt, Bonn 2006.

Pradetto, August: Israel 2000. Identität, Transformation, Sicherheit, Hamburg 2001.

Putnam, Robert D.: Diplomacy and Domestic Politics. The Logics of Two-Level Games, in: International Organization 42/1988, S. 427-460.

Resolution 194 (III): Palestine. Progress Report of the United Nations Mediator, 11.12.1948. http://domino.un.org/unispal.nsf/0/c758572b78d1cd0085256bcf0077e51a?OpenDocument (06.07.2012)

Reynolds, Paul: Powell visit highlights problems, 2003. http://news.bbc.co.uk/2/hi/middle_east/3020335.stm (27.04.2012)

Roadmap: A Performance-Based Roadmap to a Permanent Two-State Solution to the Israeli-Palestinian Conflict, in: Pressemitteilung des U.S. Department of State vom 30. April 2003. http://2001-2009.state.gov/r/pa/prs/ps/2003/20062.htm (27.04.2012)

Ross, Dennis M.: Think Again, Yassir Arafat, 2002. http://www.foreignpolicy.com/articles/2002/07/01/think_again_yasir_arafat (28.06.2012)

Senfft, Alexandra: Wider die „Kultur des Konflikts", in: Aus Politik und Zeitgeschichte 9/2010, S. 3-8.

Sharon, Ariel: Statement from PM Sharon's Bureau, 4. Juni 2003a. http://www.pmo.gov.il/PMOEng/Archive/Press+Releases/2003/06/Speeches7287.htm (06.07.2012)

Sharon, Ariel: Prime Ministers Speech at the Herzliya Conferece, 18. Dezember 2003b.
http://www.pmo.gov.il/PMOEng/Archive/Speeches/2003/12/Speeches7635.htm (05.07.2012)

Sick, Bastian: Wo beginnt der Mittlere Osten? 2005.
http://www.spiegel.de/kultur/zwiebelfisch/0,1518,364382,00.html (16.05.2012)

Snidal, Duncan: Coordination versus Prisoner's Dilemma. Implications for International Cooperation and Regimes, in: The American Political Science Review 79/1985, S. 923-942.

Suleiman, Camelia: Language and Identity in the Israel-Palestine Conflict. The Politics of Self-Perception in the Middle East, London 2011.

St. Petersburg Times Online: Agreements met with violence, 2003.
http://www.sptimes.com/2003/06/15/Worldandnation/Agreements_met_with_v.shtml (28.04.2012)

Tarabani, Gabriel G.: Israeli-Palestinian Conflict. From Balfour Promise to Bush Declaration. The Complications and the Road for a Lasting Peace, Bloomington 2008.

Tessler, Mark: A History of the Israel-Palestinian Conflict, Bloomington 2009.

Timm, Angelika: Israel – Gesellschaft im Wandel, Opladen 2003.

Ulbert, Cornelia: Konstruktivistische Analysen in der internationalen Politik. Theoretische Ansätze und methodische Herangehensweisen, in: Ulbert, Cornelia/Weller, Christoph (Hrsg.): Konstruktivistische Analysen der internationalen Politik, Wiesbaden 2005.

Waltz, Kenneth N.: Theory of International Politics, Reading 1979.

Wasserstein, Bernard: Israelis and Palestinians. Why do They Fight? Can They Stop? New Haven 2008.

Webman, Esther: The Evolution of a Founding Myth. The Nakba and Its Fluctuating Meaning, in: Litvak, Meir (Hrsg.): Palestinian Collective Memory and National Identity, New York 2009, S. 27-46.

Weiter, Dennis: Der israelisch-ägyptische Friedensprozess. Von Yom-Kippur nach Camp David, Hamburg 2012.

Weller, Christoph: Perspektiven eines reflexiven Konstruktivismus für die Internationalen Beziehungen, in: Ulbert, Cornelia/Weller, Christoph (Hrsg.): Konstruktivistische Analysen der internationalen Politik, Wiesbaden 2005.

Wendt, Alexander: Social Theory of International Politics, Cambridge 2006.

Wendt, Alexander: Anarchy is what states make of it. The social construction of power politics, in: International Organization 46/1992, S. 391-425.

Wolffsohn, Michael: Israel. Geschichte, Politik, Gesellschaft, Wirtschaft, Wiesbaden 2007.

Wolffsohn, Michael/Bokovoy, Douglas: Israel. Grundwissen-Länderkunde, Geschichte, Politik, Gesellschaft, Wirtschaft, Opladen 2003.

Zehfuss, Maja: Constructivism in International Relations. The Politics of Reality, Cambridge 2002.

Zimmermann, Moshe: Die Angst vor dem Frieden. Das israelische Dilemma, Berlin 2010.